中等职业教育汽车专业理实一体化系列教材

电动汽车电机及传动系统保养与检修

（彩色版配实训工单）

主　编　秦国锋　陈健健　邓　森

副主编　糜沛纹　李　铭　黄祖朋　李国帅

参　编　万红尘　劳晶晶　王瑞苑　许文凯

　　　　范秋寒　周江洺　周宜欣　周炳丽

机械工业出版社

本书以"岗课赛证"融通为背景，以"工作过程系统化"的课程开发范式为指导进行编写。本书以企业真实工作岗位中的典型工作任务为载体，将全国职业院校技能竞赛和职业技能等级证书中"有品、有质"的育人元素进行适当渗透，注重高阶思维能力的培养，以此形成综合化育人教材。

本书共包含3个难度递进的学习情境，分别为驱动电机及传动系统维护、驱动电机及传动系统拆装、驱动电机及传动系统检修；每个学习情境包含若干难度递进的学习任务；实训以国赛车型为主，同时融入市场主流车型技术。

本书配备了相应的课程标准、课程大纲、PPT课件、视频动画、任务工单等教学资源，适用于开设新能源汽车检测与维修相关专业的中等职业教育层次学校，也可以供汽车技术培训机构使用，同时可作为"1+X"考证的学习参考书。

图书在版编目（CIP）数据

电动汽车电机及传动系统保养与检修：彩色版配实训工单 / 秦国锋，陈健健，邓森主编. -- 北京：机械工业出版社，2024.9. --（中等职业教育汽车专业理实一体化系列教材）. -- ISBN 978-7-111-76486-1

Ⅰ. U469.720.3

中国国家版本馆CIP数据核字第2024YY1472号

机械工业出版社（北京市百万庄大街22号　邮政编码100037）

策划编辑：齐福江　　　　　　责任编辑：齐福江　丁　锋
责任校对：樊钟英　刘雅娜　　封面设计：陈　沛
责任印制：单爱军
北京虎彩文化传播有限公司印刷
2024年11月第1版第1次印刷
184mm×260mm·14印张·232千字
标准书号：ISBN 978-7-111-76486-1
定价：59.90元（含实训工单）

电话服务　　　　　　　　　网络服务
客服电话：010-88361066　　机 工 官 网：www.cmpbook.com
　　　　　010-88379833　　机 工 官 博：weibo.com/cmp1952
　　　　　010-68326294　　金 书 网：www.golden-book.com
封底无防伪标均为盗版　机工教育服务网：www.cmpedu.com

FOREWORD
前　言

　　发展新能源汽车是我国从汽车大国迈向汽车强国的必由之路。我国已成为新能源汽车的第一大市场，新能源汽车保有量超千万辆，占全球新能源汽车保有量的 50% 以上，随着《新能源汽车产业发展规划（2021—2035 年）》等国家政策的颁布，各大车企纷纷投入技术战线，不断突破新技术、新工艺、新方法，致使新能源车型更新迭代迅速。新能源汽车的核心系统和关键技术是"三电"，即电池、电机、电控，相比于传统内燃机汽车，对电气、电子、通信、软件等知识技能方面提出了更高的要求。以培养新能源汽车后市场人才为定位的中等职业教育难以适应此发展节奏，致使培养的人才无法满足行业需求。

　　在此背景下，各大职业院校相继将职业技能竞赛、职业技能等级证书作为深化产教融合的推进器，以求增强职业教育适应性，提升人才培养质量，但在实践过程中，存在"岗课疏离，赛证脱节"现象，忽视课程教材的根本性地位，既违背职业教育"立德树人"的宗旨，又造成教育资源的浪费。基于此，2021年 4 月，全国职教大会提出"岗课赛证"融通的综合育人模式；2021 年 10 月，中共中央、国务院等联合发布《关于推动现代职业教育高质量发展的意见》，提出切实完善"岗课赛证"综合育人机制，将证书、竞赛所体现的先进育人元素及时融入课程；2021 年 12 月，教育部连续两次发文，提出大力开展"岗课赛证"融通型课程、教材建设工作。一系列政策的出台，既体现国家对"岗课赛证"融通工作的高度重视，又反映当前职业教育教材改革的迫切需求。

　　本套教材以"岗课赛证"融通为背景，以"工作过程系统化"的课程开发范式为指导。以企业真实工作岗位中的典型工作过程为基准，将全国职业院校技能竞赛和职业技能等级证书中"有品、有质"的育人元素进行适当渗透；突出综合职业能力在行动导向课程中的培养，以微观学习情境的完成度为依据、以学习任务为载体、以普适性工作过程为评价深度、以典型工作过程为评价广度，侧重过程性考核在教材学习质量评价中的占比。

为推进党的二十大精神进教材、进课堂、进头脑，在每章增加了素养目标的内容，旨在培养学生的探索和创新精神，提高动手实践能力，养成良好的职业素养。为保证教材开发质量，编写团队依托广西师范大学资源优势，联合上汽通用五菱汽车股份有限公司、南宁市第四职业技术学校、桂林市机电职业技术学校等单位共同编写。形成了学科专业领域专家主导，教科研人员支撑，一线教师实践，行业企业技术人员和能工巧匠配合的团队结构。本套教材以"岗课赛证"为背景、以"工作过程系统化"为开发范式，选用全国职业院校技能竞赛指定车型，教材内容均在实车上进行了验证。

　　本套教材适用于中职学校新能源汽车检测与维修相关专业，也可作为"1+X"考证、新能源汽车售后维修等培训用书。

　　由于编者水平有限，书中不当之处在所难免，请各位读者指正。

编者

CONTENTS
目 录

驱动电机及传动系统维护

情境描述

　　驱动电机及传动系统是纯电动汽车三大核心部件之一，是车辆得以行驶的关键系统。驱动电机及传动系统一般由驱动电机、驱动电机控制器、减速器等部件组成。驱动电机及传动系统外观检查、驱动电机冷却液更换、减速器齿轮油检查与更换是电动汽车售后岗位的三大典型工作任务。

　　作为职业学校的学生，专业学习离不开真实的工作岗位，而技能竞赛、技能证书拓宽了学生对工作岗位的认知，强化了学生的职业能力。通过学习此情境，学生不仅能胜任工作岗位，还可以习得竞赛、证书中的工作任务与技能，核心任务融通情况如下图所示。

学习任务一 驱动电机及传动系统外观检查	学习任务二 驱动电机冷却液更换	学习任务三 减速器齿轮油检查与更换
● 执行电动汽车维护保养作业准备	● 执行电动汽车维护保养作业准备	● 执行电动汽车维护保养作业准备
● 执行车辆标准上下电	● 检视冷却液液位	● 拆卸机舱底部护板总成
● 检视驱动电机标签	● 检视散热器	● 检视减速器油位
● 检视相关壳体、线束及插接件	● 检测冷却系统管路的连接情况	● 检视减速器外观、密封性
● 检视电机水冷循环系统	● 检测冷却水泵等外观是否变形、漏液	● 检视左右侧驱动轴护套外观及密封性
● 检测驱动电机、电机控制器固定螺栓	● 取下并放置水箱盖	● 检视卡箍安装情况
● 检视减速器固定螺栓	● 检测冷却液冰点	● 排放减速器油液
● 检测驱动电机搭铁电阻	● 排放驱动电机冷却液	● 执行清洁与检查工作
● 检测插接器绝缘电阻	● 加注驱动电机冷却液	● 加注减速器油液
● 执行复检验收车辆工作	● 执行复检验收车辆工作	● 执行复检验收车辆工作

　　注：岗与赛、岗与证的重叠任务或标准　执行岗的任务或标准　执行赛的任务或标准　执行证的任务或标准

学习任务一　驱动电机及传动系统外观检查

任务描述

　　一辆 2018 款的吉利帝豪 EV450 已行驶 2 万 km，需到店进行保养维护。你作为维修技师请对该车辆的驱动电机及传动系统进行外观检查。

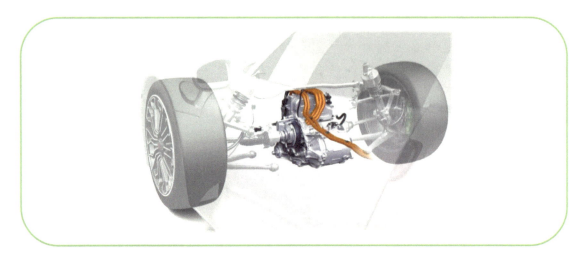

任务目标

知识目标

➢ 能够掌握执行电动汽车维保作业准备所需的基础知识。

➢ 能够掌握驱动电机及传动系统部件组成相关知识。

➢ 能够掌握驱动电机参数的相关知识。

➢ 能够掌握驱动电机及传动系统在纯电动汽车中的布置形式。

➢ 能够掌握驱动电机的铭牌信息。

➢ 能够掌握驱动电机及传动系统外观检查要求。

技能目标

➢ 能够执行电动汽车维保作业准备。

➢ 能够检视驱动电机及传动系统壳体、线束、插接件等。

➢ 能够检视电机水冷循环系统。

➤ 能够检测驱动电机及传动系统的固定螺栓。

➤ 能够检测驱动电机搭铁电阻、插接器绝缘电阻等。

➤ 能够复检验收车辆。

素养目标

➤ 能够具备分析问题和解决问题的能力。

➤ 能够养成团队协作、爱岗敬业的职业素养。

➤ 能够具备严谨规范、精益求精的工作态度。

➤ 能够具备诚信友善、追求创新的职业精神。

➤ 能够具备终身学习的意识和新知识的自学能力。

任务分析

重点

➤ 驱动电机及传动系统壳体、线束、插接件的检视。

➤ 驱动电机及传动系统固定螺栓的检测。

➤ 插接器绝缘电阻的检测。

难点

➤ 执行作业准备环节的实施步骤。

➤ 驱动电机搭铁电阻的检测。

➤ 插接器绝缘电阻的检测。

➤ 冷却液冰点的检测。

➤ 执行车辆复检工作。

知识链接

一、驱动电机及传动系统的部件组成

驱动电机及传动系统由驱动电机、高压配电设备、电机控制器、高低压线束和相关传感器等组成，这些部件可以分开安装，用导线相连，也可以接合成一体，方便车辆布局。如图 1-1 所示，吉利帝豪 EV450 采用分部件安装。

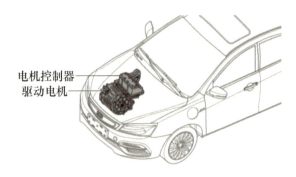

电机控制器
驱动电机

图 1-1　吉利帝豪 EV450 驱动电机及传动系统的位置

1. 驱动电机

驱动电机的功用是在驾驶人的控制（加速和制动踏板）下，高效率地将动力电池或燃料电池的能量转化为车轮的动能，或者在制动时将动能转化成电能储存在动力电池中。

2. 电机控制器

电机控制器是一个既能将动力电池中的直流电转换为交流电用于驱动电机，同时具备将车轮旋转产生的交流电转换为直流电给动力电池充电的设备。

3. 减速器

减速器是由内部的齿轮减速机构和刚性外壳组成，刚性壳体一般是铸造而成。检查减速器外观时，要检查其壳体是否有裂纹、变形。接合面处有无油污和泄漏情况。防止灰尘、切削微粒及其他杂物和水分侵入。一般容易出现密封问题的部位有：轴伸出处、轴承室内侧、箱体接合面和轴承盖、检查孔和排油孔接合面等处，如图 1-2 所示。

接合面

图 1-2　减速器接合面

二、驱动电机及传动系统在纯电动汽车中的布置形式

纯电动汽车的动力总成布置主要有 4 种形式，即驱动电机与驱动桥组合式布置、驱动电机与驱动桥集成式布置、轮边电机驱动布置和轮毂电机驱动布置。

1. 驱动电机与驱动桥组合式布置

驱动电机与驱动桥组合式布置形式，是在传统动力总成布置形式的基础上取消了离合器、变速器以及传动轴等一系列部件，将固定减速比的减速器及差速器组合成为一个整体，通过两个半轴驱动车轮。

这种形式优点是占用空间小、传动效率高、便于安装；再加上这种布局相对灵活，可以布置在车辆的前轴或者后轴上，如果前后轴都配备这种驱动桥，车辆就可以实现四驱的效果。由于这种驱动桥的体积较小，所以可以节约大量空间给车内空间，达到机械最小化、空间最大化的效果。

但是这种布局对驱动电机的调速要求较高，要求驱动电机具有较高的起动转矩与较大的后备功率，保证车辆在爬坡、超车等工况下有充足的动力保障，如图 1-3 所示。

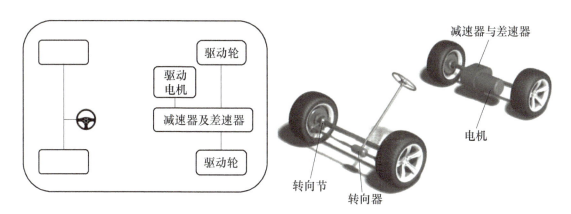

图 1-3　驱动电机与驱动桥组合式布置形式

2. 驱动电机与驱动桥集成式布置

驱动电机与驱动桥集成式布置形式，把驱动电机、固定速比减速器和差速器集成为一个整体，并与驱动轴同轴，通过两根半轴驱动车轮，称为电机与驱动桥集成式驱动系统，如图 1-4 所示。

与单一的电机驱动系统相比，集成式布置可以有效改善电机与电控之间的匹配协同作用，最大程度改善电机出力特性，增加电机转矩输出范围，同时提升车辆的性能。这种布置形式目前使用最广泛、优点最明显，适用于前驱车和后驱车。

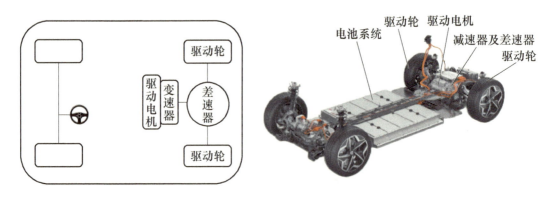

图 1-4　驱动电机与驱动桥集成式布置形式

3. 轮边电机驱动布置

轮边电机驱动布置形式，将轮边电机和减速器集成以后融入到驱动桥上，采用刚性连接，双电机驱动，每个电机的转速可以独立地调节控制，通过电子差速器来解决左右半轴的差速问题，使电动汽车更加灵活，减少了高压部件数量和线路的长度，达到提升效率的目的；此外，还能够降低车身高度，提高承载量以及增加车内空间，如图 1-5 所示。

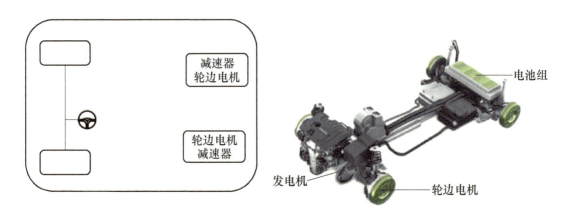

图 1-5　轮边电机驱动布置形式

所以，一般客车会采用这种驱动形式，因为客车有较大的轮拱空间可供电机使用，同时客车需要较低的车身高度，较大的载重量，所以轮边电机对客车有明显地提升作用。

4. 轮毂电机驱动布置

轮毂电机在结构上比轮边电机更加紧凑，将电机嵌入到车轮内，电机的转子固定在轮辋上，定子与悬架系统连接。轮毂电机的车辆理论上能够明显降低车辆动力系统的零件数量以及体积，对车内空间实用性和利用率提高明显。同时电池能够更加自由布局，甚至可以在相同设计下有效增加车辆的电池容量，增加车辆续航，如图 1-6 所示。

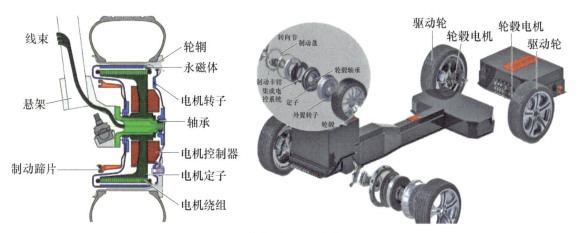

图 1-6 轮毂电机驱动布置形式

但是轮毂电机也面临诸如密封、稳定性等问题，因为车轮在运作过程中随着路面的变化而产生振动，过多的振动会使电机内部组件过早磨损，造成功率下降，甚至损坏等；而且面对雨水的侵蚀，橡胶元件也会随着时间老化，所以在适应能力上的不足，是导致轮毂电机不能大规模量产的重要原因。

三、驱动电机参数

驱动电机系统的参数能比较全面地反映出驱动电机的特性与规格。对指定应用而言，它可以是赋予的常数值；在泛指时，它可以是一种变量，用来表示随控制变化而变化的量。

1. 防护等级

防护标志由字母 IP 和两个表示防护等级的表征数字组成，如 IP67。

第一位数字表示：防止人体触及或接近壳内带电部分和触及壳内转动部件（光滑的旋转轴和类似部件除外），以及防止固体异物进入电机（表示防尘等级），见表 1-1。

第二位数字表示：防止由于电机进水而引起的有害影响（表示防水等级），见表 1-2。

表1-1 防护等级定义（第一位数字）

第一位数字	简称	定义
0	无防护	没有专门的防护
1	防护大于50mm的固体	能防止直径大于50mm的固体异物进入壳内 能防止人体的某一大面积部分（如手）偶然或意外地触及壳内带电或运动部分，但不能防止有意识地接近这些部分
2	防护大于12mm的固体	能防止直径大于12mm的固体异物进入壳内 能防止手指触及壳内带电或运动部分
3	防护大于2.5mm的固体	能防止直径大于2.5mm的固体异物进入壳内 能防止厚度或直径大2.5mm的工具、金属线等触及壳内带电或运动部分
4	防护大于1mm的固体	能防止直径大于1mm的固体异物进入壳内 能防止直径或厚度大于1mm的导线或片条触及壳内带电或运转部分
5	防尘	能防止灰尘进入达到影响产品正常运行的程度，完全防止触及壳内带电或运动部分
6	尘密	能完全防止灰尘进入壳内，完全防止触及壳内带电或运动部分

表1-2 防护等级定义（第二位数字）

第二位数字	简称	定义
0	无防护	没有专门的防护
1	防滴	垂直的滴水应不能直接进入电机内部
2	15°防滴	与垂直线成15°角范围内的滴水，应不能直接进入电机内部
3	防淋水	与垂直线成60°角范围内的淋水，应不能直接进入电机内部
4	防溅	任何方向的溅水对电机应无有害的影响
5	防喷水	任何方向的喷水对电机应无有害的影响，标准为1m处
6	防海浪或强加喷水	猛烈的海浪或强力的喷水对电机应无有害影响
7	浸水	电机在规定的压力和时间下浸在水中，其进水量应无有害影响
8	潜水	电机在规定的压力下长时间浸在水中，其进水量应无有害影响

2. 绝缘等级

驱动电机的绝缘等级是指其所用绝缘材料的耐热等级，分A、B、C、E、F、H级。绝缘材料尤其容易受到高温的影响而加速老化并损坏，允许温升是指电机的温度与周围环境温度相比升高的限度，见表1-3。

驱动电机的绝缘等级一般标识在驱动电机的铭牌上，例如，吉利帝豪EV450驱动电机的绝缘等级为H级。

表 1-3 电机绝缘等级

绝缘等级	特征	最高允许工作温度
A 级绝缘	包括浸渍处理过的棉纱、丝、纸等有机纤维材料以及普通漆包线上的磁漆等，且目前只在变压器上应用	105℃
B 级绝缘	包括云母、石棉、玻璃丝等经有机胶胶合或浸渍而成；用提高了耐热性能的有机漆或树脂作为黏合物制成的材料及其组合物；聚酯高强度漆包线上的磁漆	130℃
C 级绝缘	包括无黏合剂的云母、石英、玻璃等；用热稳定性能特别优良的硅有机树脂，聚酰亚胺浸渍漆等处理过的石棉、玻璃纤维织物或其制成品；聚酰亚胺基漆包线的磁漆、聚酰亚胺薄膜等，C 级绝缘等级是要求更高的绝缘材料，正在生产中推广使用	尚未确定，但应在 180℃以上
E 级绝缘	包括用聚酯树脂、环氧树脂、三醋酸纤维等制成的薄膜，聚乙烯醇缩醛，高强度漆包线上的磁漆等	120℃
F 级绝缘	包括云母、石棉、玻璃丝等无机物用硅有机化合物改性的合成树脂漆，或耐热性能符合这一要求的醇酸、环氧等合成树脂作为黏合物而制成的材料或其组合物	155℃
H 级绝缘	包括硅有机物以及云母、石棉、玻璃丝等无机物用硅有机漆作为黏合物制成的材料	180℃

3. 额定功率与峰值功率

（1）额定功率　额定功率指电机额定运行条件下轴端输出的机械功率（W 或 kW）。吉利帝豪 EV450 的电机额定功率是 42kW。

（2）峰值功率　峰值功率指在规定的时间内，电机运行的最大输出功率（W 或 kW），峰值功率为额定功率的 2~3 倍。吉利帝豪 EV450 的峰值功率是 120kW。

4. 额定转速与最高工作转速

（1）额定转速　额定转速指电机额定运行（额定电压、额定功率）条件下电机的转速（r/min）。吉利帝豪 EV450 的额定转速是 3820r/min。

（2）最高工作转速　最高转速指在额定电压时，电机带载运行所能达到的最高转速，它影响电动汽车的最高设计速度（r/min）。吉利帝豪 EV450 的最高转速是 12000r/min。

5. 额定转矩、峰值转矩及堵转转矩

（1）额定转矩　额定转矩指电机在额定功率和额定转速下的输出转矩（N·m）。吉利帝豪 EV450 的额定转矩是 105N·m。

（2）峰值转矩　峰值转矩指驱动电机所能输出的最大转矩（N·m）。吉利帝豪 EV450 的峰值转矩是 240N·m。

（3）堵转转矩　堵转转矩指转子在所在角位堵住时所产生的转矩最小测得值。

四、驱动电机铭牌信息

驱动电机铭牌是固定在驱动电机上，向用户提供厂家商标识别、产品参数铭记等信息的标牌。铭牌主要用来记载生产厂家及电机额定工作情况下的一些技术数据，以供正确使用而不致损坏设备。

1. 驱动电机铭牌包括的信息

1）制造厂名。

2）型号、编号、名称。

3）主要参数。额定电压、持续转矩、持续功率、相数、工作制、峰值转矩、峰值功率、最高工作转速、绝缘等级、防护等级。

2. 驱动电机型号识别

1）驱动电机的型号组成：由驱动电机类型代号、尺寸规格代号、信号反馈元件代号、冷却方式代号、预留代号五部分组成，如图 1-7 所示。

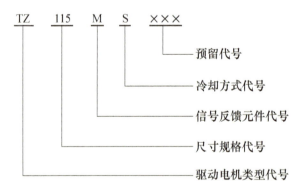

图 1-7　驱动电机型号组成

2）驱动电机类型代号。

KC——开关磁阻电机。

TF——方波控制型永磁同步电机。

TZ——正弦控制型永磁同步电机。

YR——异步电机（绕线型）。

YS——异步电机（笼型）。

ZL——直流电机。

3）尺寸规格代号：一般采用定子铁心的外径来表示，对于外转子电机，采用外转子铁心外径来表示。

4）信号反馈元件代号：M——光电编码器；X——旋转变压器；H——霍尔元件；无传感器不必标注。

5）冷却方式代号：S——水冷方式；Y——油冷方式；F——强迫风冷方式。

吉利帝豪 EV450 驱动电机铭牌位置如图 1-8 所示，铭牌信息如图 1-9 所示。

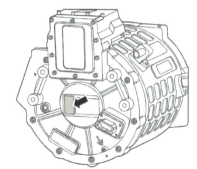

图 1-8　驱动电机铭牌的位置

企业标志	GEELY	精进电动科技股份有限公司			
		额定功率	42kW	额定电压	336V
产品型号	TZ220 XS503	额定转矩	105N·m	峰值功率	120kW
供应商代码	100802	峰值转速	12000r/min	峰值转矩	250N·m
零件号	06633663	绝缘等级	H	冷却方式	水冷
		相数	3相	重量	55kg
		防护等级	IP67	工作制	S9
		出厂编号			
		永磁同步电机			

图 1-9　吉利帝豪 EV450 铭牌

五、驱动电机及传动系统外观检查要求

1. 驱动电机外观标识

驱动电机及驱动电机控制器表面不应有锈蚀、碰伤、划痕，涂覆层不应有剥落，紧固件连接应牢固，引出线或接线端应完整无损。

电机机壳表面应光滑、平整，符合验收标准。

检查驱动电机外观标识颜色和标志应正确，铭牌的字迹和内容应清晰无误，且不应脱落，如图 1-10 所示。

2. 检查驱动电机上下水管

检查驱动电机的上水管和下水管有无裂纹和泄漏，如果存在泄漏，要查找泄漏部位，如图 1-11 所示，一般出现泄漏的地方主要集中在管路接口处、橡胶管路和金属接合面等。

图 1-10　检查驱动电机外观标识

图 1-11　检查驱动电机上下水管

✐ 素养育人

　　钟兆琳，我国电机制造工业的拓荒者和奠基人，有"中国电机之父"之称。钟兆琳早年留学美国，怀着教育救国的思想，1927 年毅然放弃美国优越的工作和生活条件负笈东归。1955 年，国务院决定交大内迁西安，支援大西北工业国防建设，钟先生极力拥护迁校，认为不把西北开发建设起来，中国就没有真正的繁荣昌盛。到西安后，年过花甲的钟兆琳教授独自一人天天吃集体食堂，第一个到教室给学生上课，并迎难而上建立了全国高校中第一个电机制造实验室，在一片荒凉的黄土地上将西安交大电机系扶上了迅猛发展的轨道，并逐渐成为国内基础雄厚、规模较大、设备日臻完善的高校电机系。

▌技能链接

驱动电机及传动系统外观检查

　　驱动电机及传动系统外观检查的主要分为五步：执行工作准备、检视系统部件、检测系统部件、检修系统部件、复检验收车辆。

一、执行工作准备

1. 执行场地防护

（1）设置警戒带和高压电警示牌　警戒带和高压电警示牌的作用是提醒他

人该场地正在作业，存在一定危险，请勿靠近。安装警戒带时，将警戒带两端的收纳盒分别安装在两支撑杆上，支撑杆顶部的固定杆插接在连接孔内，同时固定住转轴，使其不能随便转动。安装高压电警示牌时，先用双面宽胶条固定安全警示牌，再用6个1寸大头钢钉将安全警示牌钉上，如图1-12所示。

图1-12 安装警戒带与高压电警示牌

（2）检查灭火器 灭火器是当场地发生火灾意外时，及时进行扑救的装置。检查作业现场是否配备灭火器或其他灭火器材，以及灭火器和灭火器箱的形式、外观、结构部件、性能参数、规格、材料、制造商名称、现场位置与检验报告是否一致；检查作业环境是否符合防火要求，如图1-13所示。

图1-13 灭火器

（3）检查绝缘垫 绝缘垫通常铺设在车辆正前方，执行高压电操作时，操作人员站立在绝缘垫上，隔绝电流保证操作安全，如图1-14所示。检查绝缘垫有无破损、磨损等现象。绝缘垫的检查方法：可用绝缘电阻测试仪测量其对地绝缘阻值。

（4）安装车轮挡块 将车轮挡块安装在左右车轮前后两侧，挡块要贴住轮胎且与轮胎侧面对齐，如图1-15所示。

图1-14 绝缘垫　　　　　　　图1-15 安装车轮挡块

2. 执行人身防护

（1）穿戴绝缘服 绝缘服的主要作用是高压操作时对维修人员的身体进行保护。绝缘服的穿戴跟一般工作服和特殊防护服差不多，要求"三紧"即领口紧、袖口紧、下摆紧。

（2）穿戴绝缘鞋 绝缘鞋是在高压操作时使人与大地绝缘的防护用具，一般在较为潮湿的场地使用。穿用电绝缘鞋时，应避免接触锐器、高温和腐蚀性物质，防止绝缘鞋受到损伤影响电性能。凡鞋底有腐蚀，破损之处，不能再以电绝缘鞋穿用，如图1-16所示。

（3）穿戴绝缘手套 穿戴绝缘手套之前应检查绝缘手套密封性和耐压等级，根据所操作电压范围合理选择绝缘手套，并检查是否在有效期范围内。戴上手套应将外衣袖口放入手套伸长部分内。使用绝缘手套，不能抓拿表面尖利带刺的物品，以免受损伤，如图1-17所示。

图 1-16　绝缘鞋　　　　　图 1-17　绝缘手套

（4）佩戴绝缘头盔 检查绝缘头盔有无开裂或者磨损，有无明显变形，下颚带是否完好、牢固，如图1-18所示。

（5）穿戴护目镜 将双手清洗干净，用双手戴上护目镜，调节舒适度，检查护目镜是否完全包住眼睛，不透气即可，如图1-19所示。

图 1-18　绝缘头盔　　　　　图 1-19　护目镜

3. 检查设备和工具

在检修电动汽车时，一些基本的设备工具与传统燃油汽车相同，例如举升机、万用表、工作台等，所以该部分不再赘述，只介绍电动汽车的专用工具。

（1）绝缘工具套装　绝缘工具是采用绝缘材料进行加工并适用于电气系统拆装等操作的工具。使用绝缘工具可以有效防止意外触电事故的发生，驱动电机及传动系统涉及高电压的部分零部件拆装必须使用绝缘拆装工具。绝缘拆装工具必须装有耐电压 1000V 以上的绝缘柄。绝缘拆装工具包括常用的套筒、呆扳手、螺丝刀、钳子、电工刀等，如图 1-20 所示。

作业前，需要对驱动电机及传动系统维修工具进行检查，保证其无破损、破洞和裂纹，内外表面清洁、干燥，不能带水进行操作，以确保安全。

图 1-20　绝缘工具箱

（2）搭铁电阻测试仪

1）仪器功能：搭铁电阻测试仪是测量电位均衡的专用仪器。电位均衡是为防止因过大的电位差引起安全事故，故将等电位连接作为高压系统的基本防护。

2）使用方法：在进行电位均衡时，在测试前需检查被测高压部件与整车的固定连接是否可靠，一般以螺钉固定为主，要先检查螺钉的拧紧力矩是否满足要求，见表 1-4。

表 1-4　搭铁电阻测试仪的使用方法

搭铁电阻测试仪	使用方法
	1. 将测试探针插入"+"和"-"端子；长按"开机键"开机
	2. 选择档位：按"上键"调至"20Ω"档位
	3. 开路测试：将红黑表笔分开，长按"TEST"键（不超过 5s），再按一次停止测量，若测量值无穷人，则正常
	4. 短路测试：将红黑表笔短接，长按"TEST"键（不超过 5s），再按一次停止测量，若测量值为 0Ω，则正常
	5. 测量：将搭铁电阻测试仪的红表笔接在动力电池搭铁端，黑表笔接在车身，长按"TEST"键进行测试，再按一次停止测量，观察结果（标准值为小于 0.1Ω）

在采用开尔文表笔进行测试时，需注意保证每只表笔的探针与测试点是否可靠接触，否则会导致测试结果不准。为提高测试准确性，测量点的选取应可

靠，且尽可能接近被测部件，最远不超过 1.5m。

（3）绝缘电阻表

1）仪器功能：为了消除高压电对车辆和驾乘人员人身的潜在威胁，保证电动汽车电气系统的安全，在电动汽车维护时需要使用绝缘电阻表，测量交流/直流电压、搭铁耦合电阻和绝缘电阻，其测量的阻值是表征电动汽车电气安全好坏的重要参数。

2）使用方法：绝缘电阻表的外观见表 1-5，绝缘电阻表上有三个插线孔对应三根表笔（两红一黑），根据测量数据的不同选用不同的插线端子，见表 1-5。

表 1-5　绝缘电阻表的使用方法

绝缘电阻表	使用方法
	1. 先是红色表笔插入绝缘电阻表 "+" 极插孔内，黑表笔插入 "-" 极插孔内
	2. 开路测试：将红黑表笔分开，长按 "TEST" 键（不超过 5s），再按一次停止测量，若测量值无穷大，则正常
	3. 短路测试：将红黑表笔短接，长按 "TEST" 键（不超过 5s），再按一次停止测量，若测量值为 0Ω，则正常
	4. 测量：以绝缘手套为被测物体进行两个点位的绝缘测试，如测试手指部位的内外部绝缘值和手心部位的内外部绝缘值，一般测试数值大于 $20M\Omega$ 为正常 注意：绝缘电压的选择，需要不小于绝缘手套的耐压等级，所有安全防护用品都要使用绝缘表检查绝缘性

在采用开尔文测试表笔进行测试时，需注意保证每只表笔的探针与测试点是否可靠接触，否则会导致测试结果不准。

4. 记录车辆信息

记录车辆参数是工作准备中的关键环节，主要包括记录车辆型号、车辆识别码、电机型号、电机峰值功率、电池容量、额定电压、里程表读数七项内容，见表 1-6。

表 1-6　记录车辆信息

车辆型号	车辆识别码	电机型号	电机峰值功率
电池容量	额定电压	里程表读数	

5. 执行车辆防护

（1）安装车辆绝缘翼子板布和格栅垫　首先，拉起位于转向盘左下侧的发动机舱盖释放杆，然后拨开机舱盖锁拉手，将机舱盖掀起来，用机舱盖撑杆撑住，要注意机舱盖支撑一定要牢固可靠；其次，打开前格栅布，站在车辆正前方，确保放置在中间位置且要将前格栅布上的磁铁吸牢；最后将翼子板布下端半圆形的车轮槽对中车轮，把翼子板布安放牢固。要保证磁铁与车身吸附牢固，防止掉落，防止车轮盖住，影响车轮检查，如图 1-21 所示。

（2）安装车内四件套　打开车门，从工具车上拿好汽车钥匙和四件套走到左前车门处，按下汽车钥匙开锁按钮打开车门。首先将座椅套从上到下整齐地套在驾驶人座位上；其次展开转向盘套，先套好转向盘上部，然后顺应转向盘的弧度从上往下拉转向盘套，直至完全套好；再用变速杆套将变速杆套好；最后将脚垫纸铺在汽车的地面上即可，如图 1-22 所示。

图 1-21　安装车外三件套

图 1-22　安装车内四件套

二、检视系统部件

1. 查阅维修手册

利用维修手册查阅驱动电机、电机控制器、减速器的安装位置。查阅驱动电机铭牌信息。检查驱动电机、电机控制器、减速器壳体、固定螺栓、线束及插接件的信息。查阅电机水冷循环系统信息。

2. 车辆标准下电

车辆标准下电并不是指断开维修开关，其通常还包括验电部分，即高压母线、辅助装置高压线的测量。将车辆的档位调至 P 位，并拉起驻车制动，确保

车辆处于静止状态，钥匙放在安全处。断开低压蓄电池负极电缆，并裹好绝缘胶带；断开维修开关并妥善保管。放置车辆 5~10min，对新能源汽车的高压电容器进行放电。断开动力电池高压线束插接器，先断开动力蓄电池低压线束，再断开高压线束（母线）；然后使用万用表测量直流母线 HV+ 与 HV- 之间的电压，正常值小于 5V，验电完成裹好绝缘胶带，如图 1-23、图 1-24、图 1-25、图 1-26 所示。

图 1-23　低压断电

图 1-24　高压断电

图 1-25　高压验电

图 1-26　裹好绝缘胶带

3. 安全举升车辆

　　将车辆举升垫块正确放到车辆下部，对准支撑点，如图 1-27 所示；将车辆向上举升少许，压实垫块，并检查垫块的位置是否正确，并在不同部位以适当的力推动车身，确定举升没有问题；再次举升车辆到可操作高度，注意机舱盖与屋顶之间的距离，并锁上举升机，如图 1-28 所示。

　　注意　由于动力电池的自重原因，通常电动汽车要比传统燃油汽车重得多，所以在使用举升机时，一定要再三确认举升支点是否牢靠，车轮离地时，用力按压前机舱、行李舱，检查车辆是否存在晃动。

图 1-27　确定支撑点

图 1-28　举升车辆

4. 检视驱动电机标识

翻阅手册，确认驱动电机在车辆上的安装位置，同时确认电机铭牌在电机上的安装位置。目视驱动电机标识是否清晰，颜色和标志是否正确，铭牌的字迹和内容是否清晰无误，有无脱落，如图 1-29所示。

图 1-29　驱动电机标识

5. 检视驱动电机壳体、线束及插接件

（1）检视并清洁驱动电机的壳体　检视驱动电机是否有磕碰、损坏，表面是否漏液，如图 1-30 所示。检视驱动电机冷却液液面高度是否正常，如图 1-31 所示。

图 1-30　驱动电机外观检查

图 1-31　冷却液液面高度检查

检视驱动电机的冷却水管是否有泄漏。

用高压气枪或干布对驱动电机的外观进行清洁。注意：严禁使用水枪对驱

动电机及高压部件喷水清洗。

（2）检视驱动电机的线束　检视驱动电机低压线束连接是否正常；线束是否破损与老化。检视驱动电机高压线束连接是否正常，如图1-32所示。

图1-32　检查驱动电机的线束

（3）检视驱动电机的高压插接件　佩戴绝缘手套，检查驱动电机高压插接件连接状态是否完好。目测各个插接件是否存在退针、变形、松脱、过热和损坏情况，如发现以上情况应及时予以修理或更换，如图1-33所示。

图1-33　驱动电机高压插接件

6. 检视电机控制器壳体、线束及插接件

（1）检视电机控制器壳体　检查电机控制器表面是否有油液污渍。检查电机控制器冷却水管、接头处有无裂纹、有无渗漏。目视电机控制器外观有无磕碰、变形或损坏，使用压缩空气或者干布对电机控制器的外观进行清洁，如图1-34所示。

（2）检视电机控制器端子电压及插接件　检视电机控制器高压插接件是否连接到位，是否有退

图1-34　清洁电机控制器

针现象，或存在过电压烧灼的情况，如图1-35所示。检视电机控制器低压插接器是否连接到位，是否有退针现象，或存在过电压烧灼的情况，如图1-36所示。

图1-35　电机控制器高压插接件

图1-36　电机控制器低压插接件

7. 检视减速器壳体、线束及插接件

（1）检视减速器壳体　减速器表面应光洁、平整、喷漆均匀，不得有夹渣、缩孔、疏松、裂纹等缺陷。检查减速器是否贴有铭牌标识，铭牌印刷是否正确、清晰。减速器表面不得有油渍和任何残留物。

（2）检视减速器线束、插接件　检视与减速器相连接的线束是否破损、裸露。

8. 检视电机水冷循环系统

首先，举升车辆，如图1-37所示。然后，检查电机水冷循环系统有无泄漏防冻液现象，系统管路有无老化、渗漏，如图1-38所示。

图1-37　将车辆举升到合适的高度

图1-38　检查电机水冷循环系统

三、检测系统部件

1. 检测驱动电机固定螺栓

检查驱动电机各螺栓固定状态，使用扭力扳手检查各螺栓固定力矩，如图1-39所示。驱动电机与减速器总成安装力矩技术标准见表1-7。

图 1-39　检查驱动电机螺栓固定力矩

表 1-7　吉利帝豪 EV450 轿车螺栓安装力矩

固定螺栓力矩	
名称	力矩／N·m
驱动电机与减速器总成安装螺栓	21~25
驱动电机接线盒盖板螺栓	4.5~5.5
驱动电机三相线束固定螺栓	6.5~7.5
驱动电机三相线束管夹与动力总成托架	8~10
安装压缩机支架到驱动电机上	50~60

2. 检测电机控制器固定螺栓

检查电机控制器各螺栓固定状态，使用扭力扳手检查各螺栓固定力矩，见表1-8。

表 1-8　紧固件规格（一）

应用	规格	力矩 /N·m
驱动电机控制器与动力总成托架固定螺栓	M8	20~26

3. 检测减速器固定螺栓

端盖、上下盖等螺栓应齐全，且符合规格要求，螺母有无松动现象；丝孔无烂牙、碰伤、漏攻丝等缺陷，螺纹孔符合通止规要求，螺栓拧合应顺滑，见表 1-9。

表 1-9 紧固件规格（二）

应用	规格	力矩 /N·m
减速器与支架固定螺栓	M10 × 1.25 × 20	50~60
减速器与驱动电机固定螺栓	M8 × 1.25 × 35	21~25
减速器安装支架与动力总成托架	M12 × 1.25 × 25	60~70
减速器安装支架螺栓	M10 × 1.25 × 20	50~60

4. 检测驱动电机搭铁电阻

1）校准万用表，红色表笔连接电阻档（Ω）接口，黑色表笔连接 COM 接口；将 OFF 档位旋至电阻档位，如图 1-40 所示。

2）红色测量笔与黑色测量笔短接，万用表内阻低于 0.5Ω，则可以正常使用。

图 1-40 校准万用表

3）检查驱动电机搭铁线连接，如图 1-41 所示。将黑表笔与驱动电机壳体连接，将红表笔与车身搭铁连接，读取万用表数值，测量值小于 0.1Ω，说明搭铁线连接正常。若实际测量值偏大或超出量程（OL），则说明搭铁线连接异常，如图 1-42 所示。

图 1-41 检查驱动电机搭铁线连接

图 1-42 测量值情况

5. 检测插接器绝缘电阻

1）拆卸电机控制器上盖 8 个螺栓，如图 1-43 所示。

2）拆卸驱动电机三相线束插接器（电机控制器侧）3 个固定螺栓，如图 1-44 所示。

图 1-43　拆卸螺栓（一）

图 1-44　拆卸螺栓（二）

3）拆卸驱动电机三相线束端子（电机控制器侧）3 个固定螺栓，如图 1-45 所示。

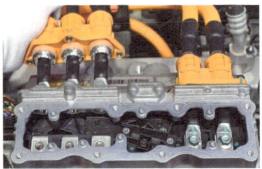

图 1-45　拆卸螺栓（三）

4）脱开三相线束。

5）检查绝缘电阻表，将红色测量线插入 L 插孔；黑色测量线插入 E 插孔；按下电源开关"POWER"按键，选择对应的测试电压档位，如图 1-46 所示。

6）将测量探头置于空气中按下测试按钮，读取测量值为 ∞。将红黑测量探头短接约 2s，接触时测试阻值为"0"MΩ，说明绝缘电阻表良好，可以正常使用，如图 1-47 所示。

图 1-46　检查绝缘电阻表（一）

图 1-47　检查绝缘电阻表（二）

7）将绝缘电阻表黑表笔搭铁，红色笔逐个测量驱动电机三相交流电 U、V、W 端子，U 相、V 相、W 相与搭铁绝缘值≥ 20MΩ，则说明绝缘性能正常，如图 1-48 所示。

8）若实际测量值低于 20MΩ，可判断驱动电机绝缘性能下降，如图 1-49 所示。

图 1-48　测量驱动电机三相交流电 U、V、W 端子　　　图 1-49　比较测量值

四、检修系统部件

根据上述排故过程中出现的实际问题，进行相应驱动电机线束的维修或更换。

五、复检验收车辆

1. 安全降落车辆

按举升机下降按钮，使车辆缓慢下降至举升臂放至最低为止，移开举升臂，驶出车辆。

2. 车辆标准上电

在电动汽车维护作业结束后，要对其进行整车上电。

1）安装动力电池插接器。

先是安装高压线束插接器，安装到位后将其锁止，再安装低压线束插接器。注意：安装低压线束插接器要注意其定位，电池箱接口端的凹槽要对准低压线束插接器端的凸起，然后旋转低压线束插接器端的螺母就可将其安装到位，如图 1-50 所示。

2）安装动力电池插接器盖板。

3）从储物箱中取出维修开关，安装维修开关。

4）连接低压电源，检查上电情况，如图 1-51 所示。

先是安装低压动力电池负极端子，再将车钥匙置于 ON 档，行车电脑显示屏显示 READY，则上电完成。

图 1-50　高压上电

图 1-51　低压上电

3. 竣工检验

竣工检验包括检查整车上电状态、仪表状态，各系统故障码读取，动力电池数据流读取等内容。仪表自检如图 1-52 所示。

图 1-52　仪表自检

4. 整理清扫

整理清扫环节包括场地的清洁整理、设备仪表的复位、防护物品的整洁收纳等内容，如图 1-53、图 1-54 所示。

图 1-53　场地复位　　　　　　　图 1-54　防护物品收纳

素养养成

（1）执行工作准备阶段　在执行工作准备阶段，认真学习电动汽车维保作业准备所需的基础知识，明确检查设备和工具、执行场地防护、执行车辆防护、

执行人身防护、记录车辆信息五个工作环节的具体要求，能够处理在执行电动汽车维保作业准备过程中遇到的困难，自主冷静思考，养成分析问题和解决问题的能力。

（2）检视系统部件阶段　在检视系统部件阶段，掌握查阅维修手册，车辆标准下电，安全举升车辆，检视驱动电机标签，检视驱动电机壳体、线束及插接件，检视电机控制器壳体、线束及插接件，检视减速器壳体、线束及插接件，检视电机水冷循环系统八个工作环节的具体要求，此项任务工作量小但责任重大，需要进行全面的检视工作，切忌遗忘部位，所以在执行任务的过程中需要严于律己、注重团队配合，养成团队协作、爱岗敬业的职业素养。

（3）检测系统部件阶段　在检测系统部件阶段，理解掌握检测驱动电机固定螺栓，检测电机控制器固定螺栓，检测减速器固定螺栓，检测驱动电机搭铁电阻，检测插接器绝缘电阻，检测冷却液冰点，并且其测量数据的准确与否直接影响工作安全，所以在日常工作中，要具备严谨规范、精益求精的工作态度。

（4）检修系统部件阶段　在检修系统部件阶段，需要掌握驱动电机相关线束的维修或更换的方法，一旦出现问题，可能会失去对驱动电机的保护作用，甚至给驱动电机带来二次损伤，在日常工作中，面对不同损耗状态的插接件，需要诚恳、真实地告诫车主，并且根据实际情况给出最优维修方案，所以在工作中应具备诚信友善、追求创新的职业精神。

（5）复检验收车辆阶段　在复检验收车辆阶段，需要掌握安全降落车辆、车辆标准上电、起动车辆、整理清扫的理论知识，并能付诸实际操作。随着技术的发展进步，汽车样态更新迭代迅速，作为一名未来汽车维修工作从业者，在面对不同的车型时，需要能懂、能开、能修，这就要求我们具备终身学习的意识和新知识的自学能力。任务素养养成流程图如图1-55所示。

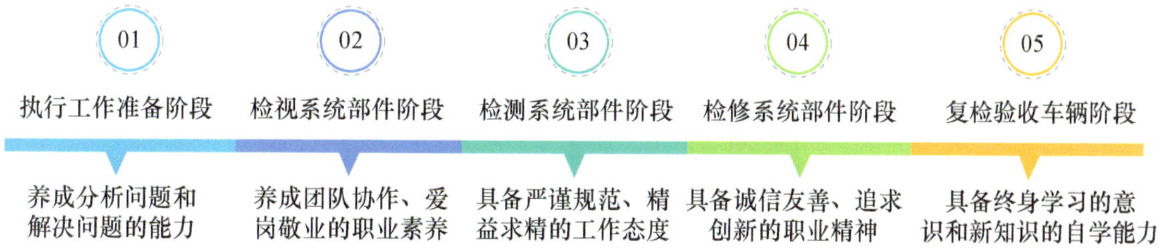

01	02	03	04	05
执行工作准备阶段	检视系统部件阶段	检测系统部件阶段	检修系统部件阶段	复检验收车辆阶段
养成分析问题和解决问题的能力	养成团队协作、爱岗敬业的职业素养	具备严谨规范、精益求精的工作态度	具备诚信友善、追求创新的职业精神	具备终身学习的意识和新知识的自学能力

图1-55　任务素养养成流程图

学习任务二　驱动电机冷却液更换

任务描述

　　一辆 2018 款的吉利帝豪 EV450 已行驶 2 万 km，需到店进行保养维护。你作为维修技师请对该车辆的驱动电机冷却液进行更换。

任务目标

知识目标

➢ 掌握驱动电机冷却系统的组成和工作原理。

➢ 掌握冷却液的选择方法与作用。

➢ 掌握冰点测试仪、诊断仪的使用方法。

技能目标

➢ 能够执行电动汽车维护保养作业准备。

➢ 能够检视散热器、冷却管路等组件的外观。

➢ 能够检测冷却液液位和冰点。

➢ 能够排放冷却液并收集、加注冷却液及控制水泵运转排气。

 素养目标

➢ 能够具备分析问题和解决问题的能力。

➢ 能够养成团队协作、爱岗敬业的职业素养。

➢ 能够具备严谨规范、精益求精的工作态度。

➢ 能够具备诚信友善、追求创新的职业精神。

➢ 能够具备终身学习的意识和新知识的自学能力。

任务分析

重点

➢ 冷却液冰点检测。

➢ 冷却液的排放、加注与排气工作。

难点

➢ 冷却液排放时的收集工作。

➢ 控制水泵运转排气。

知识链接

驱动电机冷却系统回路

电动汽车采用驱动电机后，一般不再装配离合器，车辆变速器档位也变得较少甚至取消，车辆的起步、加速、高速行驶主要靠驱动电机来实现。电机的内阻不可能为零，车辆行驶过程中电机会产生大量热量。如果电机得不到有效的冷却，电机的内部温度将不断升高，导致电机效率下降。如果温度过高，就会造成内部烧蚀甚至击穿导致电机损坏。另外，多数电机内部均有磁性材料，温度过高，会导致磁性材料稳定性下降，磁性降低，甚至磁性消失，导致电机损坏。因而，控制电机的工作温度（尤其是最高温度）尤为重要。冷却系统的作用就是通过冷却液循环散热为驱动电机、车载充电机（若配备）、电机控制器这三大部件散热。

1. 结构组成

新能源汽车的冷却系统与传统汽车的发动机有所区别，其中最主要的区别就是没有节温器。以吉利帝豪 EV450 这一车型为例，该车的冷却系统采用水冷方式，系统主要由冷却水泵、散热器、散热器风扇、膨胀罐、电磁三通阀、冷却循环管路和整车控制器组成，如图 1-56 所示。

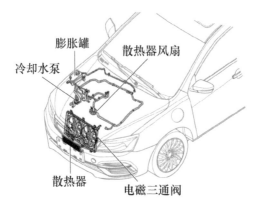

图 1-56 驱动电机冷却系统结构

（1）冷却水泵 冷却水泵，也叫散热水泵、电机水泵，是冷却液循环的动力元件。它具有结构紧凑、泵水量大、噪声小、质量轻等优点。其作用是给冷却液加压，促使其在管道中循环流动，带走驱动系统产生的热量。其原理是驱动电机带动叶轮旋转时，水泵中的冷却液在离心力作用下被甩到叶轮外缘，叶轮外缘压力升高，冷却液从出水口甩出，如图 1-57 所示。

（2）散热器 散热器的作用是增大散热面积，加速冷却液的冷却，一般与冷却风扇配合工作。散热器的安装位置在机舱内前方，通过散热器支架与车身固定在一起。其结构主要包括散热器芯、散热器翼片、左储水室、右储水室、入水口、出水口等，如图 1-58 所示。

图 1-57 冷却水泵

图 1-58 散热器

散热器的本质是热交换机，冷却液流入散热器后，从左储水室经过散热器芯流向右储水室。在这一过程中，空气从散热器芯外流过，冷空气将冷却液散在空气中的热量带走，同时散热器风扇使经过散热器芯的空气流速提升，提升了交换效率，使散热器芯中的冷却液能够更快冷却。

（3）冷却风扇 冷却风扇主要由风扇、导热罩和电机等部件组成。冷却风扇总成安装在机舱内散热器的后部，用来提高流经散热器的空气流速和风量，增强散热器的散热能力，同时对机舱内其他附件也有一定的冷却作用。

冷却风扇分为轴流式和离心式。轴流式风扇所产生的风，其流向与风扇轴平行；离心式风扇所产生的风，其流向为径向。轴流吸风式风扇效率高，风量大，结构简单，布置方便，因而在汽车上得到了广泛应用。

冷却风扇采用两档调速双风扇，高低速的控制模式，目前轿车上大多采用电子风扇，电子风扇由电机驱动并由动力电池供电，所以风扇转速与驱动电机转速无关，如图 1-59 所示。

图 1-59 散热器风扇

注意 即使在车辆运行时，机舱下的冷却风扇也会起动而伤人，保持手、衣服和工具远离机舱下的电动风扇。

如果风扇叶片有任何程度的弯曲或损坏，不要修理或重复使用损坏的部件，必须进行更换。损坏的风扇叶片不能保证正常的平衡并在连续使用中可能出现故障和飞脱，这种情况非常危险。

在吉利帝豪 EV450 汽车中，电机冷却系统采用双风扇、双转速的控制模式，由两个不同的电机驱动扇叶。该车的散热器风扇由整车控制模块（VCU）利用冷却风扇低速继电器和冷却风扇高速继电器直接控制，在低速电路中采用串联调速电阻的方式来控制风扇转速。

（4）膨胀罐 膨胀罐也叫储液罐，它的作用是利用热胀冷缩原理，使散热器中的冷却液液面始终保持在合适的位置，提高冷却效率。

当冷却液温度升高膨胀时，冷却液通过冷却水泵出口和充电机出口流入膨胀罐，同时将管路中滞留的空气一同带入膨胀罐；而在汽车停止后，冷却液自动冷却并收缩，使之前排出的冷却液被重新吸回散热器，进而将散热器内的液面维持在合适的高度。

膨胀罐的安装位置在前机舱内右方，通过前后两个固定螺栓固定于膨胀罐支架上，如图 1-60 所示。

图 1-60　膨胀罐

2. 功能要求

冷却系统的主要功能是维持电机和控制器最佳的工作温度，以及排出电机和控制器冷却管路中的气泡，系统的功能分析及其失效形式见表 1-10。根据其功能要求可以进一步确定冷却系统的组成。

表 1-10　冷却系统功能要求

功能分析	失效形式	失效后果
维持电机和控制器最佳冷却液温度	电机和控制器高温	缩短电机和控制器使用寿命
提供冷却液膨胀空间，快速排出电机和控制器冷却系统内气泡	气泡排出慢，冷却液流失	电机和控制器出现气蚀，缺水引起高温

3. 工作原理

冷却水泵为系统中的冷却液提供动力并加压，使冷却液在冷却系统中按照冷却水泵—电机控制器—车载充电器—驱动电机—散热器的路径顺序循环流动。冷却液在流经电机控制器、车载充电器和驱动电机时，带走三大部件产生的部分热量，随后进入散热器。在散热器中，温度较高的冷却液与空气进行热交换降温，经过降温的冷却液再次经过冷却水泵加压并提供动力，继续在系统中循环。

在吉利帝豪 EV450 这一车型中，冷却系统还做了更为细致地划分——电机冷却系统（图中的黑色循环路径）和电池冷却系统（图中的蓝色循环路径），并用两个电磁三通阀使这两个系统彼此独立又在一定条件下可相互连通（图中的红色路径）。这是因为吉利帝豪 EV450 将电机冷却系统与动力电池加热回路进行了结合，可充分利用电驱动系统的热量给动力电池加热，以降低动力电池加热的电能消耗，如图 1-61 所示。

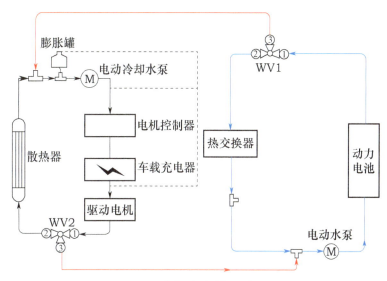

图 1-61　冷却液在管路中的流向

4. 冷却液

（1）冷却液的选择　冷却液的成分与传统内燃机冷却液相同，由水、防冻剂、添加剂三部分组成，按防冻剂成分不同可分为乙醇型、甘油型、乙二醇型冷却液。

乙醇型冷却液是用乙醇（俗称酒精）作防冻剂，价格便宜，流动性好，配制工艺简单，但沸点较低、易蒸发损失、冰点易升高、易燃等，现已逐渐被淘汰。

甘油型冷却液沸点高、挥发性小、不易着火、无毒、腐蚀性小，但降低冰点效果不佳、成本高、价格昂贵，用户难以接受，只有少数北欧国家仍在使用。

乙二醇型冷却液是用乙二醇作防冻剂，并添加少量抗泡沫、防腐蚀等综合添加剂配制而成，具有沸点高、泡沫倾向低、黏温性能好、防腐和防垢等特点，是一种较为理想的冷却液，如图 1-62 所示。

（2）冷却液的作用

1）冬季防冻。为了防止汽车在冬季停车后，冷却液结冰而造成散热器、发动机缸体胀裂，要求冷却液的冰点应低于该地区最低温度10℃左右，以备天气突变。

2）防腐蚀。冷却系统中散热器、水泵、分水管等部件是由钢、铸铁、黄铜、纯铜、铝、焊锡等金属组成，由于不同的金属的电极电位不同，在电解质的作用下容易发生电化学腐蚀；同时冷却液中的二元醇类物质分解后形成的酸性产物，也会促进冷却系统腐蚀。冷却系统腐蚀会使散热器的下水室、冷却管道、接头以及散热器排管发生故障，同时腐蚀产物堵塞管道，引起电机过热甚至瘫痪；若腐蚀穿孔，冷却液渗入电机内部会产生严重的破坏。因而，冷却液中都加入一定量的防腐蚀添加剂，防止冷却系统产生腐蚀。

3）防水垢。冷却液在循环中应尽可能地减少水垢的产生，以免堵塞循环管道，影响冷却系统散热功能。

4）防开锅。符合国家标准的冷却液，沸点通常都是超过105℃，比起水的沸点100℃，冷却液能耐受更高的温度而不沸腾（开锅），在一定程度上满足了高负荷电机的冷却需要。

图1-62　冷却液的包装

综上所述，在选用、添加冷却液时，应该慎重。首先，应该根据具体情况去选择合适配比的冷却液。其次，添加冷却液，将选择好配比的冷却液添加到散热器中，使液面达到规定位置。

（3）冷却液的选用注意

1）使用车辆保养要求的冷却液作为冷却液添加剂。

2）不允许与先前的冷却液添加剂混合。

3）符合标准的冷却液添加剂可防止霜冻、腐蚀和结垢，此外还能提高沸点。因此冷却系统务必全年加注防冻防腐剂。

4）必须保证防冻温度低至约 –25℃（在极地气候的国家最低至约 –35℃），即使在暖和的季节或暖和的国家也不允许添加水来降低冷却液的含量。冷却液添加剂的比例必须至少为40%。

5）如果出于气候原因需要更强的防冻效果，可以提高冷却液的比例，但最高只到60%，否则防冻又会减弱，此外还会降低冷却效果。

吉利帝豪EV450采用的冷却液为符合SH0521要求的电机用乙二醇型电机冷却液（防冻液），冰点≤-40℃，禁止使用普通蒸馏水，电机冷却液不能混用，冷却液加注量：7L。

5. 冰点测试仪的使用

冷却液随着汽车使用时间的延长，乙二醇会逐渐被氧化衰变，防腐剂不断被消耗掉。当冷却液质量下降到一定程度后，冷却系统就会出现腐蚀或达不到防冻要求。因此，为了保证防冻液质量，应采用冰点测试仪（图1-63、图1-64）对冷却液进行定期定项的检测，其检测时间可结合每年换季维护进行。测量步骤如下：

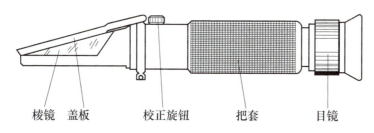

棱镜　盖板　　　　校正旋钮　　把套　　　　目镜

图1-63　冰点测试仪的构造

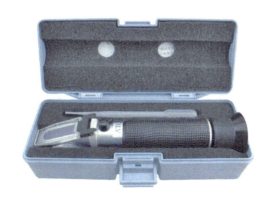

图1-64　冰点测试仪

1）将折光棱镜对准光亮方向，调节目镜视度环，直到标线清晰为止。

2）调整基准：测定前首先使标准液（纯净水）、仪器及待测液体基于同一温度。掀开盖板，取2~3滴标准液滴于折光棱镜上，并用手轻轻按压平盖板，通过目镜看到一条蓝白分界线。旋转校正钉使目镜视场中的蓝白分界线与基准线重合（0）。

3）测量：用柔软绒布擦净棱镜表面及盖板，掀开盖板，取 2~3 滴被测溶液滴于折光棱镜上，盖上盖板轻轻按压，里面不要有气泡，然后通过目镜读取蓝白分界线的相对刻度，即为被测液体的测量值，如图 1-65 所示。

4）测量完毕后，直接用潮湿绒布擦干净棱镜表面及盖板上的附着物，待干燥后，妥善保存起来。

5）在测量冷却液时，注意不要洒在皮肤和眼睛上，以防烧伤，测试后仔细擦净仪器。

图 1-65　冰点检测

6. 诊断仪的使用

诊断仪是用于检测故障、读取信息或匹配参数的智能设备，它通过有线或无线的连接方式，与车辆实现通信，并将信息通过显示屏显示。

根据设计用途和功能分类，诊断仪有专用诊断仪和通用诊断仪两种，通用诊断仪是为满足不同汽车品牌汽车诊断需求而设计开发的仪器，其优点是通用性强，价格便宜，缺点是更新数据、实现功能和数据精度不及专用诊断仪，适用于普通修理厂使用；而专用诊断仪由汽车厂商根据车辆技术特点和需求设计，只满足自身品牌各车型诊断需求的仪器，适用于 4S 店使用。

诊断仪一般由操作主机、通信模块、通信线束、充电线束等组成，如图 1-66 所示。其中车辆数据接口通过数据线与汽车的诊断口连接，实现汽车控制单元

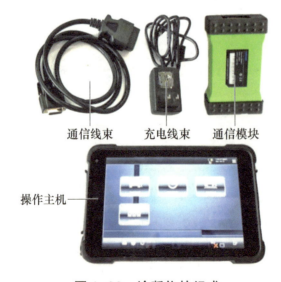

通信线束　　充电线束　　通信模块

操作主机——

图 1-66　诊断仪的组成

与诊断仪主机的数据传递，汽车上的诊断口多采用统一标准的 OBD-Ⅱ 形式。诊断仪可以实现读取故障码、清除故障码、读取车辆信息及数据、采集波形、驱动测试、调试匹配等功能。

诊断仪的功能之一就是读取故障码。故障码是指当汽车出现故障并能够被电子控制系统检测判断时，在控制单元（ECU）内存储的一串维修信息码。当车辆存有故障码后，可以通过诊断仪查阅读取，为解决故障提供方便。故障码由字母和数字组成，多数为 5 位数，发展到现在，为更准确地表达故障信息，有七位数故障码出现。故障码的第一位为字母，主要包括：P（动力系统故障码）、C（底盘系统故障码）、B（车身系统故障码）、U（通信系统故障码），故障码的第二位至第七位包括数字或字母，其含义由 ISO 标准或厂商设定。

✏️ 素养育人

中车株洲电机公司发布了车速 400km/h 高速动车组用 TQ-800 永磁同步牵引电机。这标志着我国高铁动力首次搭建起车速 400km/h 速度等级的永磁牵引电机产品技术平台，填补了国内技术空白。据介绍，这款"永磁高铁"电机具有多项优点，如采用全新的封闭风冷及关键部位定向冷却技术，确保了电机内部清洁并有效平衡了电机各部件的温度；采用新型稀土永磁材料，有效解决了永磁体失磁的难题；结合了大功率机车和高铁牵引电机绝缘结构的优点，具备更高的绝缘可靠性。

▌ 技能链接

驱动电机及传动系统性能检测的主要步骤分为五步：执行工作准备、检视系统部件、检测系统部件、检修系统部件、复检验收车辆。

一、执行工作准备

1）执行场地防护。

①设置警戒带和高压电警示牌。

驱动电机
冷却液更换

②检查灭火器。

③检查绝缘垫。

④安装车轮挡块。

2）执行人身防护。

①穿戴绝缘服。

②穿戴绝缘鞋。

③穿戴绝缘手套。

④佩戴安全头盔。

⑤穿戴护目镜。

3）检查设备和工具。除需准备吉利帝豪 EV450 维修手册、举升机、万用表外，还需按电气设备的电压等级选择兆欧表的规格。

注意 测量额定电压不足 500V（如额定电压 380V 的电机）的绕组的绝缘电阻时，则应选用 500V 绝缘电阻表，而测定额定电压高于 500V 的绕组的绝缘电阻时，则应选用 1000V 的绝缘电阻表。

4）记录车辆信息。

5）执行车辆防护。

①安装车辆绝缘翼子板布和格栅垫。

②安装车内四件套。

二、检视系统部件

1）车辆标准下电。

2）检视冷却液液位。检查冷却液膨胀罐内液位是否在 MAX（上限）和 MIN（下限）之间，如果冷却液液位过低，检查是否存在泄漏，并添加冷却液至上下限之间，如图 1-67 所示。

图 1-67　冷却液正常液位

3）检视散热器。首先检查散热器正面的芯子是否有污物堵塞，泥土覆盖，必要时可用细钢丝予以清理，并清洗干净。其次检查散热器盖阀门及密封状况，检查散热器框架是否有断裂和脱焊现象。最后检查散热器安装固定情况，散热器应当牢固可靠，前后晃动应无松动现象。

4）检视冷却系统管路。检查各冷却系统软管安装、连接情况及有无裂纹、损伤和泄漏。若发现漏点或机件某处有损坏，及时更换相关部件，如图1-68所示。

5）检视冷却水泵。检查水泵传动带是否有裂纹、剥层、断线、严重磨损等现象，如不能保证工作安全时应及时更换，同时检查水泵传动带松紧度是否符合要求，必要时予以调整，如图1-69所示。

图1-68　检视冷却系统管路　　　　图1-69　检视冷却水泵

6）清洁灰尘杂物。

三、检测系统部件

1）取下并放置散热器盖。找到散热器盖，逆时针旋转散热器盖，拧开并放置在一旁，如图1-70、图1-71所示。

图1-70　散热器盖位置　　　　图1-71　打开散热器盖

2）检测冷却液冰点。

①调节目镜环。将折光棱镜对准光亮方向，调节目镜视度环，直到标线清晰为止。

②调整基准。测定前首先使用标准液（纯净水）、仪器及待测液体基于同一温度。掀开盖板，然后取 2~3 滴标准液滴于折光棱镜上，并用手轻轻按压平盖板，通过目镜看到一条蓝白分界线。旋转度校正钉使目镜视场中的蓝白分界线与基准线重合，如图 1-72 所示。校准后用柔软绒布擦净棱镜表面及盖板。

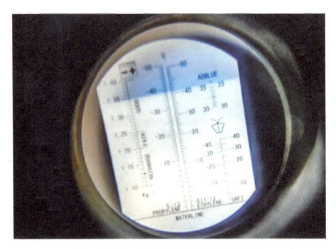

图 1-72　冷却液冰点显示内容

③测量。取 2~3 滴被测溶液滴于折光棱镜上。

盖上盖板轻轻按压，里面不要有气泡，然后通过目镜读取蓝白分界线内的相对刻度，即为被测液体的测量值，如图 1-73 所示。

④清洁。测量完毕后，直接用潮湿绒布擦干净棱镜表面及盖板上的附着物，待干燥后，妥善保存起来，如图 1-74 所示。

图 1-73　检测冷却液冰点

图 1-74　清洁冰点测试议

3）安全举升车辆。

4）拆卸覆盖件。

四、检修系统部件

1. 排放驱动电机冷却液

1）打开冷却液膨胀罐总成盖，如图 1-75 所示。

2）松开夹箍，拔出冷却液软管，如图 1-76 所示。

图 1-75　打开冷却液膨胀罐总成盖　　图 1-76　松开夹箍，拔出冷却液软管

3）断开散热器出水管，用回收容器接收放出冷却液。

注意　集中回收处理冷却液，等待报废或再生利用，不得将旧冷却液排入下水管道，以保护环境。

2. 加注驱动电机冷却液

1）连接散热器出水管，如图 1-77 所示。

2）管路检查：确保冷却管路连接完整，如图 1-78 所示。

图 1-77　连接散热器出水管　　图 1-78　连接诊断仪

静态加注：将车辆起动至 ON 档且非充电状态，连接诊断仪，选择 FE-3ZA 车型→手工选择系统→空调控制器（AC）→特殊功能，选择加注初始化，车辆处于加注初始化状态，如图 1-79 所示。

拧开膨胀罐盖，缓慢加注冷却液，直至膨胀罐内冷却液量达到 80% 左右，且液位不再下降。

> **注意** 驱动电机的冷却液需选用冰点 ≤ −40℃ 的冷却液。

3）系统排气。控制诊断仪，使车辆处于排气状态，如果液位下降及时补充冷却液，排气过程时长不小于 10min，如图 1-80 所示。

图 1-79　冷却液加注

图 1-80　系统排气

观察膨胀罐内冷却液下降，及时补充冷却液，保持冷却液液位处于 MAX 线和 MIN 线之间。

4）加注完成。拧紧膨胀罐盖，控制诊断仪，使车辆恢复默认模式，如图 1-81 所示。

图 1-81　冷却液液位

五、复检验收车辆

1）安全降落车辆。

2）车辆标准上电。

3）竣工检验。

4）整理清扫。

（1）**执行工作准备阶段**　在执行工作准备阶段，认真学习驱动电机冷却液更换所需的基础知识，明确检查设备和工具、执行场地防护、执行车辆防护、执行人身防护、记录车辆信息五个工作环节的具体要求，能够处理在执行动力电池冷却液更换过程中遇到的困难，自主冷静思考，养成分析问题和解决问题的能力。

（2）**检视系统部件阶段**　在检视系统部件阶段，理解掌握检视驱动电机母线插头、车辆标准下电、检视冷却液液位、检视散热器、检视冷却系统管路、检视冷却水泵、清洁灰尘杂物七个工作环节的具体要求，此项任务工作需要进行全面的检视工作，切忌遗忘部位，所以在执行任务的过程中需要严于律己、注重团队配合，养成团队协作、爱岗敬业的职业素养。

（3）**检测系统部件阶段**　在检测系统部件阶段，理解掌握检测冷却液冰点的方法，冷却液冰点在检测过程中容易受到光学系统影响，并且其测量数据的准确与否直接影响工作安全，所以在日常工作中，要具备严谨规范、精益求精的工作态度。

（4）**检修系统部件阶段**　在检修系统部件阶段，需要掌握排放和加注冷却液的方法，冷却液是必须频繁更换的损耗品，一旦出现问题，可能会失去对驱动电机的保护作用，甚至给驱动电机带来二次损伤，在日常工作中，需要诚恳、真实地告诫车主车辆信息，并且根据实际情况给出最优维修方案，所以在工作中应具备诚信友善、追求创新的职业精神。

（5）**复检验收车辆阶段**　在复检验收车辆阶段，需要掌握安全降落车辆、车辆标准上电、起动车辆、整理清扫的理论知识，并能付诸实际操作。随着技术的发展进步，汽车更新迭代迅速，作为一名未来汽车维修工作从业者，在面对不同的车型时，需要能懂、能开、能修，这就要求我们具备终身学习的意识和新知识的自学能力。

学习任务三　减速器齿轮油检查与更换

任务描述

　　一辆 2018 款的吉利帝豪 EV450 已行驶 2 万 km，需到店进行保养维护。你作为维修技师请对该车辆的减速器齿轮油进行检查，必要时进行更换。

任务目标

知识目标

➢ 能够掌握减速器的功能。

➢ 能够掌握减速器的安装位置。

➢ 能够掌握减速器润滑方式、密封方式、减速器齿轮油类型、减速器齿轮油的更换周期。

技能目标

➢ 能够执行电动汽车维保作业准备。

➢ 能够检视减速器油位。

➢ 能够检视左右侧驱动轴护套、减速器的外观和密封性。

➢ 能够检视卡箍安装情况。

➤ 能够排放减速器油液、加注减速器油液。

➤ 能够复检验收车辆。

素养目标

➤ 能够具备分析问题和解决问题的能力。

➤ 能够养成团队协作、爱岗敬业的职业素养。

➤ 能够具备严谨规范、精益求精的工作态度。

➤ 能够具备诚信友善、追求创新的职业精神。

➤ 能够具备终身学习的意识和新知识的自学能力。

任务分析

重点

➤ 检视减速器油位。

➤ 排放减速器油液。

➤ 加注减速器油液。

难点

➤ 检视减速器油位的读数。

知识链接

一、减速器的功能

电机的"速度—转矩特性"非常适合汽车驱动的需求，纯电动模式下，汽车的驱动系统不再需要多档位的变速器，通常采用单级或者二级减速器，驱动系统结构得以大幅简化。

减速器和差速器介于驱动电机和驱动半轴之间，驱动电机的动力输出轴通过花键直接与减速器输入轴齿轮连接。一方面减速器将驱动电机的动力传给驱动半轴，起到降低转速增大转矩的作用，另一方面差速器满足汽车转弯及在不平路面上行驶时，左右驱动轮以不同的转速旋转，保证车辆的平稳运行，如图1-82所示。

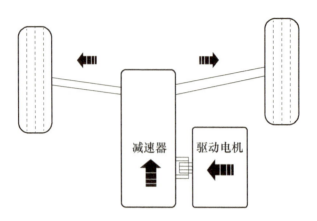

图 1-82 电动汽车动力传递路线

二、减速器安装位置

纯电动汽车动力系统中减速器的安装位置与其驱动形式相关联，根据电动汽车的驱动形式不同，可分为前驱电机减速器、后驱电机减速器、四驱电机减速器和轮毂电机减速器。

1. 前驱电机减速器

当电动汽车为前驱形式时，减速器位于前机舱下部，通过半轴驱动车辆的前轮行驶，这是目前主流的驱动布置形式，如图 1-83 所示。

图 1-83 前驱电机减速器

2. 后驱电机减速器

当电动汽车为后驱形式时，减速器位于后驱动桥，用于后轮驱动车辆行驶。目前采用此类型驱动形式的电动汽车品牌和车型较少，例如大众 ID.3，如图 1-84 所示。

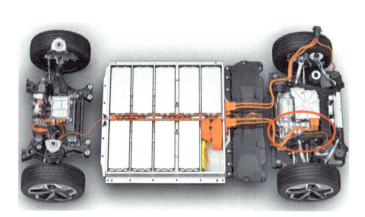

图 1-84 大众 ID.3 后驱电机减速器

3. 四驱电机减速器

当电动汽车为四轮驱动形式时，前后驱动桥都安装有减速器，将来自前后驱动电机的动力经过减速后输出给各驱动轮。目前采用此种驱动方式的车型较少，特斯拉 Model S 就采用此种方式驱动，如图 1-85 所示。

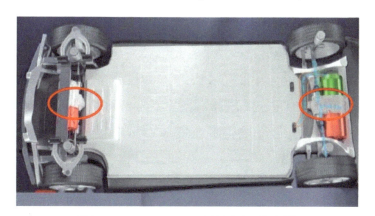

图 1-85 Model S 四驱电机减速器

4. 轮毂电机减速器

传统的驱动系统将动力、传动和制动分开，而轮毂电机技术就是将动力系统、减速机构和制动装置都一起整合到轮毂内，省略了离合器、变速器、传动轴、差速器、分动器等部件，此类减速机构一般由行星齿轮组成，如图 1-86 所示。

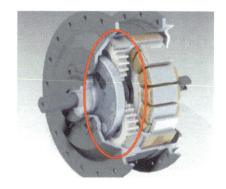

图 1-86 轮毂电机减速器

三、减速器润滑

（1）减速器润滑　采用合理润滑是减小机件摩擦最直接有效的方法，润滑油所起的主要作用是降低摩擦阻力、减小磨损，以尽可能地延长机械零件的使用寿命；润滑油还具有冷却、冲洗、保护、密封、防锈、卸荷、减振等作用。

常见的润滑方式有主动润滑和被动润滑，也可同时应用两种润滑方式。

主动润滑又称强制润滑，主要由油泵、过滤器、专用油道（油管）、喷油嘴及油冷器等组成。油泵的压力将润滑油压入油道，经过过滤器、专用油道（油管）和喷油嘴，导入到各个摩擦副中，对各个零部件进行润滑和冷却。主动润滑常见于高功率、对性能要求高的齿轮箱中，有着成本较高、结构复杂、空间布置受限的缺陷。

被动润滑也叫飞溅润滑，不需要额外设计油路，可通过齿轮旋转将油飞溅并经过合理设计的油道或者导向板实现对轴承的润滑和冷却。常见于中低功率、低成本、拆装方便的减速器中。

（2）减速器密封性　电动汽车减速器的密封多采用敞开式油封结构，其成本较低，但容易漏油。敞开式油封结构的特点在于减速器油封与驱动轴直接接触，减速器油封主要用于防止减速器润滑油的外泄，如图 1-87 所示，驱动轴为旋转运动部件，油封外径通过过盈配合安装在减速器壳体上，油封内径与驱动轴密封配合，起到封油效果。

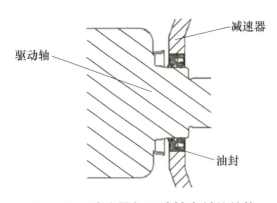

图 1-87　减速器与驱动轴密封处结构

（3）减速器齿轮油类型　黏度是齿轮油的一个较为重要的理化指标，齿轮的啮合速度是选择黏度的主要指标。适宜的减速器齿轮油黏度，应使润滑油的内摩擦小，从而使齿轮表面磨损及传动噪声、振动等大为减小。

齿轮油是一种黏度比较高的润滑油，它是专门保护传输动力零件的，具有一种非常强烈的硫磺刺激性气味。齿轮油的分类方法是根据性能和黏度两种因素进行的。

车用齿轮油质量等级型号。美国标准：美国石油学会将车用齿轮油按使用性能分为 GL-1、GL-2、GL-3、GL-4、GL-5、GL-6 等性能级别，齿轮油外包装上都有相应的级别标识，见表 1-11。国内标准：我国按质量将汽车齿轮油分为普通车辆齿轮油（CLC）、中等负荷车辆齿轮油（CLD）、重负荷车辆齿轮油（CLE）三种。

车用齿轮油黏度等级型号。齿轮油的黏度等级型号是按美国汽车工程师学会（SAE）黏度分类法分的，可分为 70W、75W、80W、85W、90、140、250 七个黏度级，有 "W" 标识的是冬用型齿轮油，其他则为非冬用油，数字代表的是齿轮油在 100℃下的黏度，数字越小，黏度越低，低温性能越好。如吉利帝豪 EV450 采用 75W-90 牌齿轮油。

表 1-11 齿轮油型号及适用场景

齿轮油型号	适用场景
齿轮油型号 GL-1	适用在低齿面压力、低滑动速度下的汽车弧齿锥齿轮、蜗轮式驱动桥以及各种手动变速器，规定用 GL-1 级齿轮油
齿轮油型号 GL-2	适用蜗轮式驱动桥，由于其负荷、温度和滑动速度的状况，用 GL-1 级齿轮油不能满足要求，规定用 GL-2 级齿轮油
齿轮油型号 GL-3	适用滑动速度和负荷比较苛刻的汽车手动变速器和弧齿锥齿轮的驱动桥，规定用 GL-3 级齿轮油
齿轮油型号 GL-4	适用在低速高转矩、高速低转矩下操作的各种齿轮，特别是客车和其他各种车用的准双曲面齿轮，规定用 GL-4 级齿轮油
齿轮油型号 GL-5	适用在高速冲击负荷、高速低转矩、低速条件下操作的各种齿轮，特别是客车和其他车用的准双曲面齿轮，规定用 GL-5 级齿轮油
齿轮油型号 GL-6	适用在高速冲击条件下运转的轿车和其他车辆的各种齿轮，特别是大偏移距的准双曲面齿轮，偏移距大于 50mm 或接近大齿轮直径的 25%，规定用 GL-6 级齿轮油

（4）减速器齿轮油更换周期 长时间而重复地接触使用过的减速器齿轮油，会引起皮肤自然油脂的丧失，造成皮肤干燥、刺激，甚至皮肤炎。此外，使用过的齿轮油极可能含有可导致皮肤癌的有害物质。务必使用皮肤保护设备，并且配备适当的冲洗设备。不能将使用过的齿轮油作为润滑油，或其他任何可能与皮肤直接接触的用途。

一般来说，减速器齿轮油的更换周期为 1 年。如果使用环境比较恶劣或者使用条件较为苛刻，更换周期可以适当缩短。另外，如果检查齿轮油时发现其已经变质或者污染严重，也需要及时更换。

需要注意的是，不同型号、不同品牌的减速器齿轮油更换周期可能会有所不同，建议在使用前仔细阅读产品说明书。

✏️ 素养育人

中国减速器的发展可以分为三个阶段。一是早期萌芽期：中国减速器的发展历史可以追溯到 20 世纪初，当时的中国正值清朝末期和民国初年，中国的机械制造业也相对较为落后，大部分减速器等机械设备需要依赖进口。二是中期发展期：到了 20 世纪 60—70 年代，中国的减速器制造业开始迅速发展，国内制造商开始生产各种类型的减速器，以满足工业、农业和军事等领域的需求。这个时期，中国的减速器主要以齿轮传动为主。三是近现代发展期：1978 年后，我国实行改革开放政策，凭借引进、消化、吸收国外先进技术和科研攻关，逐步掌握了各种高速和低速重载齿轮装置的设计制造技术，加速了机械制造业的现代化。到了 21 世纪初，随着中国工业的不断发展，减速器市场需求持续增长，中国的减速器制造商开始在国内外市场竞争，并将减速器产品出口到全球各个区域。

技能链接

减速器齿轮油检查与更换的主要步骤分为五步：执行工作准备、检视系统部件、检测系统部件、检修系统部件、复检验收车辆。

一、执行工作准备

1）执行场地防护。

①设置警戒带和高压电警示牌。

②检查灭火器。

③检查绝缘垫。

减速器齿轮油
检查与更换

④安装车轮挡块。

2）执行人身防护。

①穿戴绝缘服。

②穿戴绝缘鞋。

③穿戴绝缘手套。

④佩戴安全头盔。

⑤穿戴护目镜。

3）检查设备和工具。需准备吉利帝豪EV450维修手册、举升机、万用表等。

4）记录车辆信息。

5）执行车辆防护。

①安装车辆绝缘翼子板布和格栅垫。

②安装车内四件套。

二、检视系统部件

1）查阅维修手册。在手册中找到减速器机构"减速器齿轮油检查与更换"所属目录，并阅读所需内容信息。

2）车辆标准下电。

三、检测系统部件

1. 拆卸机舱底部护板总成

1）举升车辆，如图1-88所示。

图1-88 举升车辆

2）拆卸机舱底部护板总成。拆卸机舱底部左/右护板两侧固定螺钉及塑料卡扣。拆卸机舱底部左/右护板下固定螺钉及塑料卡扣，留下一个固定卡扣以稳住机舱底部左/右护板。用手支撑住机舱底部左/右护板，拆卸并拆除最后一个固定卡扣，如图1-89所示。

图1-89　拆卸机舱底部护板总成

2. 检视减速器油位

将车辆水平放置，并让减速器内部的油冷却，拆卸加注孔塞并检查油位，减速器油面应该与加注孔下缘齐平。

注意　如果液面过低，通过加注孔塞添加专用的减速器齿轮油，直到油液开始流出。

重新安装并紧固加注孔螺塞，力矩：19~30N·m（公制），14~22.1lbf·ft（英制）。

3. 检视减速器外观、密封性

1）操作人员进入底盘下，一只手拿手电筒，照亮检查位置，一只手检查相关零部件。

2）先检查减速器外壳，有无裂纹、变形。

3）检查减速器轴伸出端、箱体结合面、轴承靠近箱体内侧密封性。

4）目测密封胶无缺失、密封垫无裂纹损坏，无泄漏情况，如图1-90所示。

图 1-90 检视减速器外观、密封性

4. 检视左右侧驱动轴护套外观及密封性

1）用力将左侧车轮逆时针转动到极限位置，转动车轮一周，用手电筒照明完成检查项目。

2）检查驱动轴外侧护套是否有裂纹、破损，护套卡箍是否安装在正确位置、有无损伤。

3）右侧驱动轴外侧护套的检查（同左侧驱动轴外侧护套），如图 1-91 所示。

4）检查左右侧驱动轴外侧护套是否有泄漏。

5）检查驱动轴外侧护套润滑脂是否渗漏。

5. 检视卡箍安装情况

1）检查保护套卡箍是否安装在正确的位置。

2）检查保护套卡箍是否有损伤、变形，如图 1-92 所示。

图 1-91 左侧驱动轴外侧护套

图 1-92 检视卡箍安装情况

四、检修系统部件

1. 排放减速器油液

1）举升车辆。

2）拆卸机舱底部护板总成，如图1-93所示。

3）减速器油的排放。首先，利用套筒扳手拆卸减速器加油螺塞1，然后，拆卸减速器放油螺塞2，如图1-94所示。用回收容器接收放出的减速器油，如图1-95所示。

图1-93　拆卸机舱底部护板总成

注意　冷却后油的黏度增大使放油困难，减速器应在运行温度下换油。

图1-94　拆卸减速器放油螺塞

图1-95　减速器油的加注与更换

2. 加注减速器油液

首先，安装减速器放油螺塞2，力矩：19~30N·m（米制），14~22.1lbf·ft（英制）。然后，加注孔塞添加专用的减速器齿轮油，如图1-96所示。最后，重新安装并紧固加注孔螺塞1和螺塞2，力矩：19~30N·m（米制），14~22.1lbf·ft（英制）。

图1-96 油液加注

注意 油液要位于油尺的规定刻度范围内，不能加太满，否则容易流出。如吉利帝豪EV450参考用量：（1.7±0.1）L。

首先，安装机舱底部右护板，并卡入塑料卡扣。然后，安装机舱底部左护板，并卡入塑料卡扣。其次，安装机舱底部右护板固定螺钉，力矩：4N·m（米制），3.0lbf·ft（英制）。最后，安装机舱底部左护板固定螺钉，力矩：4N·m（米制），3.0lbf·ft（英制），如图1-97所示。

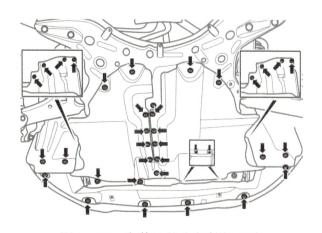

图1-97 安装机舱底部护板总成

五、复检验收车辆

1）安全降落车辆。

2）车辆标准上电。

3）竣工检验。

4）整理清扫。

素养养成

（1）执行工作准备阶段　在执行工作准备阶段，认真学习电动汽车减速器齿轮油检查与更换所需的基础知识，明确检查设备和工具、执行场地防护、执行车辆防护、执行人身防护、记录车辆信息五个工作环节的具体要求，能够处理在执行电动汽车减速器齿轮油检查与更换的维护与保养作业准备过程中遇到的困难，自主冷静思考，养成分析问题和解决问题的能力。

（2）检视系统部件阶段　在检视系统部件阶段，理解掌握查阅维修手册的具体要求，此项任务工作量小但责任重大，需要进行全面的准备工作，所以在执行任务的过程中需要严以律己、注重团队配合，养成团队协作、爱岗敬业的职业素养。

（3）检测系统部件阶段　在检测系统部件阶段，掌握拆卸机舱底部护板总成、检视减速器油位、检视减速器外观及密封性、检视左右侧驱动轴护套外观及密封性的方法、检视卡箍安装情况，其检测的准确与否直接影响汽车正常工作状况，所以在日常工作中，要具备严谨规范、精益求精的工作态度。

（4）检修系统部件阶段　在检修系统部件阶段，需要做到正确排放减速器油液、加注减速器油液。在日常工作中，需要诚恳、真实地告诫车主，并且根据实际情况给出最优维修方案，所以在工作中应具备诚信友善、追求创新的职业精神。

（5）复检验收车辆阶段　在复检验收车辆阶段，需要掌握安全降落车辆、车辆标准上电、起动车辆、整理清扫的理论知识，并能付诸实际操作。随着技术的发展进步，汽车样态更新迭代迅速，作为一名未来汽车维修工作从业者，在面对不同的车型时，需要能懂、能开、能修，这就要求我们具备终身学习的意识和新知识的自学能力。

驱动电机及传动系统拆装

情境描述

驱动电机及传动系统是纯电动汽车三大核心部件之一，是车辆得以行驶的关键系统。驱动电机及传动系统一般由驱动电机、驱动电机控制器、减速器等部件构成。电机控制器的拆装、驱动电机的拆装以及减速器的拆装三大典型工作任务。

作为职业学校的学生，专业学习离不开真实的工作岗位，而技能竞赛、技能证书拓宽了学生对工作岗位的认知，强化了学生的职业能力。通过学习此情境，学生不仅能胜任工作岗位，还可以习得竞赛、证书中的工作任务与技能，核心任务融通情况如下图所示。

学习任务一 电机控制器的拆装	学习任务二 驱动电机的拆装	学习任务三 减速器的拆装
● 执行电动汽车维护保养作业准备	● 检视驱动电机冷却液	● 检视减速器外观标识
● 检视电机控制器安装位置	● 检视驱动电机固定螺栓	● 检视减速器的外壳是否有划痕
● 检视电机控制器螺栓是否松动	● 检视驱动电机线束及插接件	● 检视减速器的螺栓是否松动
● 测量电机控制器的绝缘电阻	● 执行高低压断电	● 检视减速器是否漏油
● 检测驱动电机三相线绝缘电阻	● 检测搭铁线搭铁电阻	● 检查减速器油位
● 检查驱动电机控制器搭铁电阻	● 拆卸电动真空泵	● 拆卸减速器半轴
● 拆卸电机控制器进出水管	● 拆卸驱动电机总成	● 拆卸减速器上盖
● 拆卸电机控制器	● 安装后悬置	● 拆卸中间轴
● 安装电机控制器	● 安装压缩机	● 拆卸减速机构
● 执行复检验收车辆工作	● 安装驱动电机	● 安装减速机构

注：岗与赛、岗与证的重叠任务或标准　执行岗的任务或标准　执行赛的任务或标准　执行证的任务或标准

学习任务一 **电机控制器的拆装**

任务描述

　　一辆 2018 款的吉利帝豪 EV450 已行驶 2 万 km，需到店进行保养维护。你作为维修技师请对该车辆进行电机控制器的拆装。

任务目标

✎ 知识目标

> ➢ 能够掌握电机控制器的功用和基本参数。
> ➢ 能够掌握电机控制器的结构和控制原理。

✎ 技能目标

> ➢ 能够执行电动汽车维保作业准备。
> ➢ 能够检视电机控制器相关部件外观。
> ➢ 能够检测驱动电机控制器线路的绝缘电阻。
> ➢ 能够进行电机控制器拆卸、安装。
> ➢ 能够复检验收车辆。

素养目标

➤ 能够具备分析问题和解决问题的能力。

➤ 能够养成团队协作、爱岗敬业的职业素养。

➤ 能够具备严谨规范、精益求精的工作态度。

➤ 能够具备诚信友善、追求创新的职业精神。

➤ 能够具备终身学习的意识和新知识的自学能力。

任务分析

重点

➤ 掌握检测驱动电机控制器线路的绝缘电阻。

➤ 掌握驱动电机控制器拆卸方法。

➤ 掌握驱动电机控制器安装方法。

难点

➤ 拆卸驱动电机线束。

➤ 连接三相线束。

➤ 检测驱动电机三相线绝缘电阻。

知识链接

电机控制器

电机控制器（PEU）安装在前舱内动力总成上面，采用 CAN 通信控制，控制着动力电池组到电机之间能量的传输，同时采集电机位置信号和三相电流检测信号，精确地控制驱动电机运行，如图 2-1 所示。

图 2-1　电机控制器位置图

1. 电机控制器功用

电机控制器是电机驱动系统的控制中心，又称智能功率模块，它接收整车控制模块（VCU）的指令对驱动电机进行控制，将动力电池提供的直流电转化为交流电，然后输出给驱动电机，以实现汽车加速、减速、倒车。除此之外，还有其他如下功能。

（1）制动回馈功能　电机控制器具备制动回馈功能，当整车制动时，电机控制器通过制动回馈将电能存在动力电池中，提高续驶里程。

（2）防溜坡功能　防溜坡功能是为了避免有坡道起步时，当制动踏板向加速踏板切换的过程中车辆后溜，当发现车辆后溜时，电机控制器进入防溜坡状态，控制器自动调整转矩输出，克服车辆因重力引起的后溜。

（3）定速巡航功能　电机控制器还具备定速巡航功能，在不踩加速踏板的情况下，电机控制器可输出转矩自动按照 VCU 设定车速，保持车辆以固定的速度行驶，以节省驾驶人体力、提高驾驶体验。

2. 电机控制器参数

如图 2-2 所示，此电机控制器为中国吉利制造，其额定输入电压为 336V、连续输入电流有效值为 190A、冷却类型为液冷、软件编号为 F01R0A7249、零件号为 01640283、批号为 K4L264。

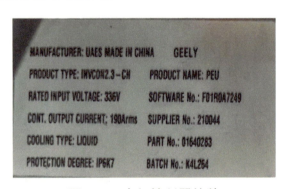

图 2-2　电机控制器铭牌

3. 电机控制器的典型结构

电机控制器的结构由电子控制模块（Electronic Controller）、驱动器（Driver）、功率变换模块（Power Converter）等组成，如图 2-3 所示。

电子控制模块包括硬件电路和相应的控制软件。硬件电路主要包括微处理器及其执行系统，对电机进行电流、电压、转速、温度等状态监测的电路，各种硬件保护电路，以及与整车控制器、电池管理系统等外部控制单元数据交互的通信电路。控制软件根据不同类型电机的特点实现相应的控制算法。

图 2-3　电机控制器外观与内部结构

驱动器将微控制器对电机的控制信号转换为驱动功率变换器的驱动信号，并实现功率信号和控制信号的隔离。

功率变换模块（Power Converter）对电机电流进行控制，通常包含 DC/AC 逆变器和 DC/DC 直流变换器。逆变器由 IGBT、直流母线电容、驱动和控制电路板等组成，实现直流（可变的电压、电流）与交流（可变的电压、电流、频率）之间的变换。直流变换器由高低压功率器件、变压器、电感、驱动和控制电路板等组成，实现直流高压向直流低压的能量传递。

电机控制器还包含冷却器（通过冷却液）给电子功率器件散热。

图 2-4 所示为吉利帝豪 EV450 纯电动汽车的电机控制器，它由高压线束接口、驱动电机三相线束接口、低压信号接口、低压充电接口以及冷却管口组成。

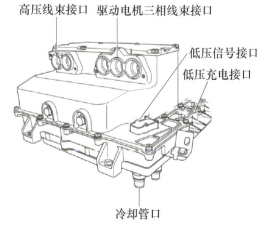

图 2-4　电机控制器

4. 电机控制器工作原理

电机控制器安装在前舱内，它从整车控制器获得整车的需求，从动力电池包获得电能，经过自身逆变器的调制，获得控制电机需要的电流、电压、频率等，提供给电机，使得电机的转速和转矩满足整车的要求，同时采集电机转子位置信号和三相电流信号，精确地控制驱动电机运行。

以帝豪 EV450 车型为例，电气原理如图 2-5 所示，具有以下几种工作模式。

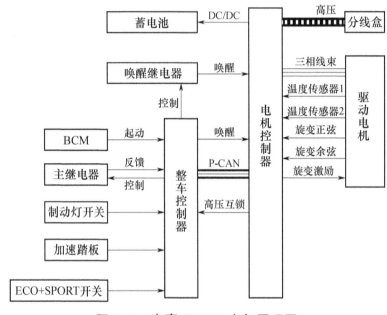

图 2-5 帝豪 EV450 电气原理图

（1）转矩控制模式　电机控制器控制电机轴向四象限的转矩。由于没有转矩传感器，转矩指令（由整车控制器发送）被转换成电流指令，并进行闭环控制。转矩控制模式只有在获得正确的初始偏移角度时才能进行。

（2）静态模式　静态模式在电机控制器处于被动状态（待机状态）或故障状态时被激活。

（3）主动放电模式　主动放电用于高压直流端电容的快速放电，主动放电指令来自整车控制器的指令或由电机控制器内部故障触发。

（4）DC/DC 直流变换　电机控制器（PEU）中的 DC/DC 变换器将高压直流端的高压变换成指定的直流低压（12V 低压系统，低压设定值来自整车控制器指令）。

总之，电机控制器是一种可以控制电机的参数，如转速、方向和转矩等，使用户可以更加精确地控制电机的一种装置，它的工作原理是利用变频器或调速器来调节电机的工作转速，以及通过 PID 算法调整变频器或调速器的参数来控制电机的正反转和转矩。

 素养育人

电机控制器是精密的电子元件，在严苛的环境中工作，有很高的可靠性要求。这对于生产制造，提出了严苛的要求，需要利用各种手段确保洁净，自动化程度也要高。面对新能源汽车快速增长的市场，我国国内的供应商，在电机控制器的设计、生产和制造各方面，取得了很大的突破。

技能链接

一、执行工作准备

1）执行场地防护。

①设置警戒带和高压电警示牌。

②检查灭火器。

③检查绝缘垫。

④安装车轮挡块。

2）执行人身防护。

①穿戴绝缘服。

②穿戴绝缘鞋。

③穿戴绝缘手套。

④佩戴安全头盔。

⑤穿戴护目镜。

3）检查设备和工具。

需准备吉利帝豪 EV450 维修手册、举升机、绝缘拆装工具、万用表等。

4）记录车辆信息。

5）车辆标准下电。

6）执行车辆防护。

电机控制器
的拆装

①安装车辆绝缘翼子板布和格栅垫。

②安装车内四件套。

二、检视系统部件

1. 查阅维修手册

利用维修手册查阅电机控制器的安装位置。图 2-6 所示为吉利帝豪 EV450 电机控制器的安装位置。

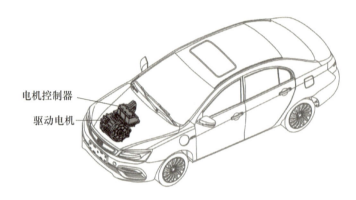

图 2-6　电机控制器安装位置图

2. 检查驱动电机三相线束紧固力矩

接电机总成线束插接器如图 2-7 所示。

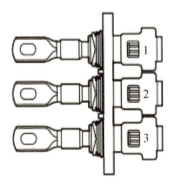

图 2-7　EP61 接电机总成线束插接器　　**图 2-8　检视电机控制器固定螺栓**

①检查三相线固定螺栓的紧固力矩（电机控制器侧）是否符合标准。

②检查三相线固定螺栓的紧固力矩（电机侧）是否符合标准。如果没有，则紧固电机三相线束。

3. 检视电机控制器固定螺栓

检查驱动电机检测螺栓上的漆标，若漆标位置有移动则对螺栓进行紧固，若无则不做要求，如图 2-8 所示。

三、检测系统部件

1. 检测电机控制器绝缘电阻

车辆标准下电，然后断开直流母线（动力电池侧）线束插接器 BV16，接着用绝缘电阻测试仪测试 BV16 的 1 号端子与电机控制器之间的绝缘电阻，如图 2-9 所示。其标准电阻：大于或等于 20MΩ，确认测量值是否符合标准。

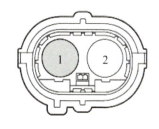

图 2-9 BV16 接动力电池线束插接器

注意 测试时其他零部件断开高压插接件。

2. 检测驱动电机三相线束绝缘电阻

断开驱动电机三相线束插接器 BV19，然后用万用表进行测量，最后确认测量值是否符合标准，如图 2-10 所示。

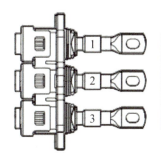

测量位置A	测量位置B	测量标准值
BV19-1	车身搭铁	标准电阻：20MΩ或更高
BV19-2	车身搭铁	
BV19-3	车身搭铁	

图 2-10 检测驱动电机三相线束绝缘电阻

3. 检查驱动电机控制器搭铁电阻

断开电机控制器线束插接器 BV11，然后用万用表测量电机控制器线束插接器 BV11 端子 1、端子 11 和车身搭铁之间的电阻。其中标准电阻：小于 1Ω，确定测量值是否符合标准，如图 2-11 所示。

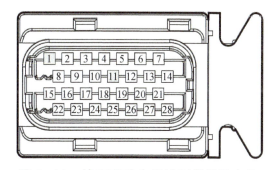

图 2-11 检查驱动电机控制器搭铁电阻

四、检修系统部件

1. 电机控制器的拆卸

1）拆卸电机控制器上盖的 8 个螺栓，完成电机控制器上盖的拆卸，如图 2-12 所示。

2）拆卸驱动电机线束。拆卸驱动电机三相线束插接器（电机控制器侧）3 个固定螺栓 1。拆卸驱动电机三相线束端子（电机控制器侧）3 个固定螺栓 2，脱开三相线束。拆卸分线盒与电机控制器高压线线束插接器（电机控制器侧）2 个固定螺栓 3。拆卸分线盒与电机控制器高压线线束端子（电机控制器侧）2 个固定螺栓 4，脱开线束，如图 2-13 所示。

图 2-12　拆卸电机控制器上盖　　图 2-13　拆卸驱动电机线束

3）取下电机控制器搭铁防尘盖；断开电机控制器线束插头，如图 2-14 所示。拆卸电机控制器 2 个搭铁线束固定螺母，脱开搭铁线束，如图 2-15 所示。

图 2-14　取下电机控制器搭铁防尘盖　　图 2-15　脱开搭铁线束

4）脱开电机控制器进水管，脱开电机控制器出水管，如图 2-16 所示。

5）拆卸电机控制器 4 个固定螺栓，完成电机控制器总成的拆卸，如图 2-17 所示。

图 2-16　脱开电机控制器进、出水管　图 2-17　拆卸电机控制器固定螺栓

2. 电机控制器总成的安装

1）连接电机控制器进水管，连接电机控制器出水管，如图 2-18 所示。

图 2-18　连接电机控制器进、出水管

2）用 22N·m 的力矩紧固电机控制器 4 个固定螺栓。

3）连接电机控制器线束插头；连接 2 根搭铁线，用 23N·m 的力矩紧固螺母，盖上防尘盖，如图 2-19 所示。

4）连接三相线束，用 23N·m 的力矩紧固驱动电机三相线束插接器（电机控制器侧）3 个固定螺栓。用 7N·m 的力矩紧固驱动电机三相线束端子（电机控制器侧）3 个固定螺栓。连接线束，用 23N·m 的力矩紧固分线盒与电机控制器高压线线束插接器（电机控制器侧）2 个固定螺栓。用 7N·m 的力紧固分线盒电机控制器高压线端子（电机控制器侧）2 个固定螺栓，完成电机控制器总成的安装，如图 2-20 所示。

图 2-19　连接电机控制器线束插头

图 2-20　连接三相线束

5）安装电机控制器上盖，用 9N·m 的力矩紧固电机控制器上盖 8 个螺栓，完成电机控制器上盖的安装，如图 2-21 所示。（注意：电机控制器端盖合盖时采取对角法则拧紧）

图 2-21　安装电机控制器上盖

五、复检验收车辆

1）安全降落车辆。

2）车辆标准上电。

3）竣工检验。

4）整理清扫。

素养养成

（1）执行工作准备阶段　在执行工作准备阶段，认真学习电机控制器拆装作业准备所需的基础知识，明确检查设备和工具、执行场地防护、执行车辆防护、执行人身防护、记录车辆信息五个工作环节的具体要求，能够处理在执行高压互锁故障诊断作业准备过程中遇到的困难，自主冷静思考，养成分析问题和解决问题的能力。

（2）检视系统部件阶段　在检视系统部件阶段，理解电机控制器的安装位置、检查三相线束紧固力矩，以及检查电机控制器紧固螺栓的具体要求，此项任务工作量小但责任重大，需要进行全面地检视工作，切忌遗忘部件。所以在执行任务的过程中需要严于律己、注重团队配合，养成团队协作、爱岗敬业的职业素养。

（3）检测系统部件阶段　在检测系统部件阶段，能使用万用表进行测量电机控制器的搭铁电阻，其测量数据的准确与否直接影响检测结果。所以在日常工作中，要具备严谨规范、精益求精的工作态度。

（4）检修系统部件阶段　在检修系统部件阶段，需要掌握正确拆卸和安装电机控制器的方法。在日常工作中，面对不同损耗状态的部件和线束，需要诚恳、真实地告诫车主，并且根据实际情况给出最优维修方案，所以在工作中应具备诚信友善、追求创新的职业精神。

（5）复检验收车辆阶段　在复检验收车辆阶段，需要掌握车辆标准上电、起动车辆、整理清扫的理论知识，并能付诸实际操作。随着技术的发展进步，汽车样态更新迭代迅速，作为一名未来汽车维修工作从业者，在面对不同的车型时，需要能懂、能开、能修，这就要求我们具备终身学习的意识和新知识的自学能。

学习任务二　驱动电机的拆装

任务描述

　　一辆 2018 款的吉利帝豪 EV450 已行驶 2 万 km，到店进行保养维护。你作为维修技师请对该车辆的驱动电机进行拆装。

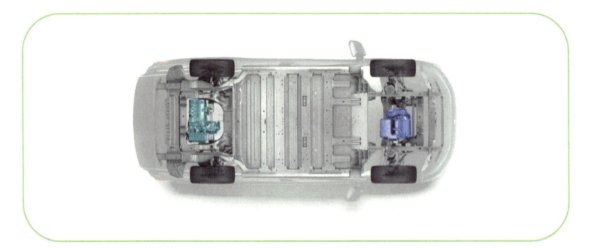

任务目标

知识目标

➢ 能够掌握驱动电机的结构和类型。

➢ 能够明确电动汽车驱动电机性能要求。

➢ 能够掌握驱动电机的工作原理。

技能目标

➢ 能够掌握搭铁线搭铁电阻的检测方法。

➢ 能够掌握驱动电机总成的拆卸方法。

➢ 能够掌握驱动电机的安装方法。

➢ 能够复检验收车辆。

素养目标

➢ 能够具备分析问题和解决问题的能力。
➢ 能够养成团队协作、爱岗敬业的职业素养。
➢ 能够具备严谨规范、精益求精的工作态度。
➢ 能够具备诚信友善、追求创新的职业精神。
➢ 能够具备终身学习的意识和新知识的自学能力。

任务分析

重点

➢ 掌握驱动电机总成的拆卸方法。
➢ 掌握驱动电机的安装方法。

难点

➢ 拆卸驱动轴。
➢ 拆卸压缩机。
➢ 拆卸电动真空泵。
➢ 连接驱动电机线束插接器。

知识链接

一、驱动电机结构

驱动电机一般由定子、转子、电机外壳、端盖、冷却系统等组成，图 2-22

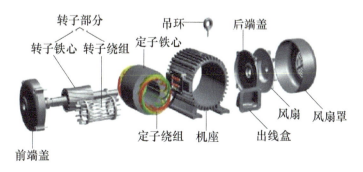

图 2-22 小型笼型三相感应电机结构

所示为一台小型笼型三相感应电机的结构。纯电动汽车的驱动电机大多数采用永磁同步电机和笼型感应电机，它们之间定子结构原理相同，区别在于转子产生磁场的途径不同，永磁同步电机利用永磁体产生转子磁场，笼型感应电机利用定子绕组通电感应产生旋转磁场。

1. 定子

定子是驱动电机固定不动的部分，由定子铁心、定子绕组、机座等组成。定子铁心是导磁的磁路部分，由导磁性能较好的硅钢片叠压而成，如图 2-23 所示；定子绕组是驱动电机的导电部分；机座用来固定定子铁心及端盖。

2. 转子

转子是驱动电机的旋转部分，驱动电机工作产生的转矩便是由转子提供。转子由转子铁心、转子绕组、转轴等组成，其中，转子铁心由硅钢片叠成，笼型感应电机的转子铁心如图 2-24 所示。转子绕组是导电部分，转轴是电机转子铁心传递转子转矩带动负载运转的部件。

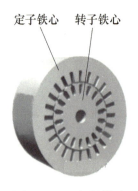

图 2-23　定子铁心　　　　图 2-24　笼型感应电机转子铁心

3. 轴承

轴承用来支撑整个转子，是传递转动转矩的部件。它既不属于定子，也不属于转子，而是一个起定转子联系作用的部件。

4. 壳体

驱动电机壳体由 4 个功能区组成：一是安装电机内壳、定子和转子区；二是安装输出轴组件区；三是安装内部循环水冷却管道区；四是电机的安装固定区，如图 2-25 所示。

驱动电机壳体通常采用铝合金材料，以满足汽车轻量化的要求，它的内圆直径一般都超过了 250mm。

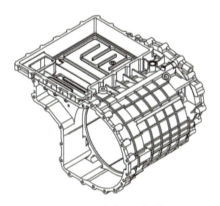

图 2-25　驱动电机壳体示例

二、驱动电机的类型

根据驱动原理，电动汽车的驱动电机可分为传统的直流电机、永磁同步电机、交流异步电机（又称交流感应电机）、开关磁阻电机。

1. 传统的直流电机

早期开发的电动汽车多采用传统的直流电机。电机工作时，电能是以直流电的方式经过变换器输送至驱动电机。

按有无电刷分为：有刷直流电机和无刷直流电机，有刷直流电机因维护不方便而被无刷直流电机逐渐取代。根据电动汽车对驱动电机的技术要求，直流电机能够满足电动汽车运行的基本需求，现在无刷直流电动机已成为入门级电动汽车所使用的最为普遍的一种类型，如图 2-26 所示。

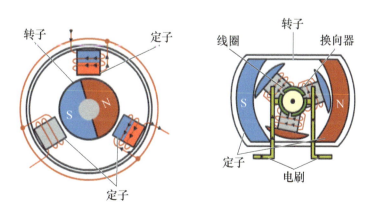

图 2-26　无刷直流电机对比有刷直流电机图

2. 永磁同步电机

交流永磁同步电机具有效率高、功率密度大、可靠性高等优点，发展前景十分广阔，已经在国内外多种电动车辆中获得应用。电动汽车所用的交流永磁同步电机正在向大功率、高转速、高效率和小型化方向发展。目前，国内电动汽车大多数是采用交流永磁同步电机，如图 2-27 所示。

3. 交流异步电机

交流异步电机又称为交流感应电机，是目前工农业和日常生活中应用最广泛的一类电机，其特点是定子和转子由硅钢片叠压而成，两端用端盖封装，定子和转子之间靠轴承连接，其结构简单、运行可靠耐用、维修方便。交流异步电机与同功率的直流电动机相比效率更高，重量更轻。

交流异步电机采用矢量控制的控制方式，可以获得与直流电机相媲美的可控性和更宽的调速范围。由于具有效率高、比功率较大、适合于高速运转等优势，其制造成本也比较低廉，成为了电动汽车首选的驱动电机之一，如图 2-28所示。

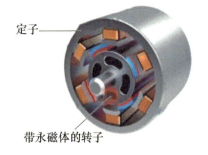

图 2-27　永磁同步电机结构示意图　　　图 2-28　三相交流异步电机

4. 开关磁阻电机

开关磁阻电机相比其他类型的驱动电机而言，它的结构最为简单，如图 2-29 所示。

开关磁阻电机的定子和转子均为普通硅钢片叠压而成的双凸极结构，转子上没有绕组，定子装有简单的集中绕组，具有结构简单坚固、可靠性高、质量小、温升低、易于维修等诸多优点。而且具有直流调速系

图 2-29　开关磁阻电机

统可控性好的优良特性，同时适用于恶劣环境，非常适合作为电动汽车的驱动电机使用。

但同时，开关磁阻电机还存在一些缺点：第一，效率低，开关磁阻电机的效率较低，大约在70%；第二，噪声大，由于它的工作原理，开关磁阻电机可能会发出较大噪声；第三，成本高，开关磁阻电机的制造成本较高；第四，控制复杂，开关磁阻电机需要进行复杂的电路控制。因此，开关磁阻电机通常用于特殊应用，如需要精确控制输出功率的场合，而不是广泛的工业和家用电器。

三、电动汽车驱动电机性能要求

电动汽车所采用的驱动电机是通过电磁感应让电机转动，从而实现对外输出动力。新能源汽车所采用的电机安装环境较狭小，其工作环境复杂多变且恶劣、振动大、冲击大、灰尘多、腐蚀严重、高温高湿且温度变化大，因此和普通用途的电机相比新能源汽车对驱动电机提出更高的要求，具体要求如下：

1. 较大的起动转矩和较大范围的调速性能

驱动电机除满足起动、加速、行驶、减速、制动等所需的功率与转矩外，还应具有自动调速功能，以减轻驾驶人的操纵强度、提高驾驶的舒适性，并且能够达到与内燃机汽车加速踏板同样的控制响应。

2. 能够承受 4~5 倍的过载

驱动电机要满足短时加速行驶与最大爬坡度的要求；能够承受4~5倍的过载；能高效率地回收车辆在制动时反馈的能量。

3. 高电压、高转速、重量轻、体积小

驱动电机的设计参数要有利于提高电机的比功率，所以应尽量减小驱动电机的尺寸，减小驱动电机的质量和各种控制装置温度信号及导线的横截面积，有利于在电动汽车上进行安装和布置和降低成本。

4. 有良好的可靠性，耐高温和耐潮湿，运行时噪声低

驱动电机要有良好的可靠性，需具备耐高温、耐潮湿、运行时噪声低等特点，以至于可以在恶劣的环境条件下长时间运转。

5. 结构简单、使用维修方便，适合批量生产

驱动电机要有结构简单、价格低廉、使用维修方便的特点，并适合大批量生产。

四、驱动电机的工作原理

1. 交流永磁同步电机

交流永磁同步电机由电机控制器驱动，以磁场为媒介进行电能和机械能相互转换。吉利帝豪 EV450 的驱动电机控制器安装在前舱内，采用 CAN 通信控制，在车辆行驶时将电能转变为机械能；在车辆制动或滑行阶段时，驱动电机作为发电机，它可以把车轮旋转的动能转换为电能，给动力电池充电。

电机的三相定子绕组通入三相交流电后，利用 IGBT 的开关原理，控制电路给予适当的开通、关断信号，从而实现三相电流的换相，将产生一个旋转磁场。定子的旋转磁场与永磁转子中的磁场相互作用，产生转矩，带动转子转动，转子的转动速度与旋转磁场同步，如图 2-30 所示。通过控制信号的脉宽调节来控制电流的大小，也可以控制交流频率，从而控制电机的转速，保证能够按照驾驶人的意愿输出合适的电流参数。

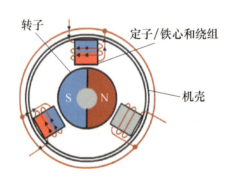

图 2-30　交流永磁同步电机工作原理

停止工作状态：电机内部没有接入三相交流电，定子中无旋转磁场产生，电机处于静止状态。

正转状态：当转子位置确定后，通过给三相绕组提供一定相序的交流电，电机实现正转。

反转状态：当转子位置确定后，通过改变三相绕组的相序进行供电，即可实现电机反转。

改变转速状态：电机控制模块通过改变供电的频率来调整电机转速。

发电状态：车辆减速时，永磁电机就相当于一个三相交流发电机。转子转动提供旋转磁场，定子内的三相绕组切割磁力线发电，发出的电量通过电机控制器内的整流器整流，输送给动力电池。

2. 交流异步（感应）电机

图 2-31 是笼型异步电机定子旋转磁场旋转形成过程的图形。异步电机中，旋转磁场代替了旋转磁极，当三相异步电机接入三相交流电源时，三相定子绕组流过三相对称电流产生旋转磁场。该旋转磁场与转子导体有相对切割运动，根据电磁感应原理，转子导体产生感应电动势并产生感应电流。

根据电磁力定律，载流的转子导体在磁场中受到电磁力作用，形成电磁转矩，驱动转子旋转，当电机轴上带机械负载时，便向外输出机械能。异步电机是一种交流电机，其负载时的转速与所接电网的频率之并不是恒定关系，会随着负载的大小发生变化，负载转矩越大，转子的转速越低。

异步电机要发电，首先必须要建立磁场。异步电机是在定子的三相绕组里通入三相交变电流后，才产生旋转磁场，如果用一台原动机带动，使转子的转速超过同步转速，就成了异步发电机。

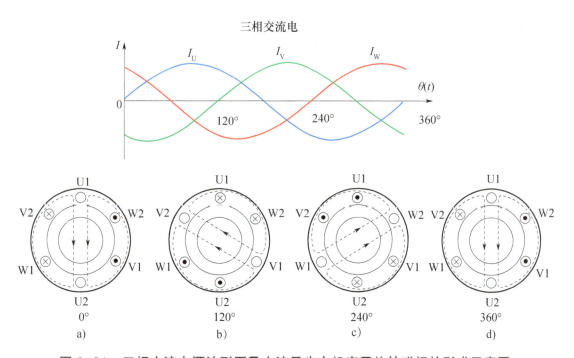

图 2-31 三相交流电源波形图及交流异步电机定子旋转磁场的形成示意图

✏️ **素养育人**

　　别林19岁从佳木斯电机厂职业高中毕业后，怀揣着报效国家、立志干出一番事业的理想，来到了佳木斯电机厂三分厂工作，从此拉开了一名"大国工匠"锻造之路的序幕。他扎根大型电机装配一线30多年，由一名普通工人成长为电机装配领域的"大国工匠"。他敢于担当、冲锋在前，主导装配了公司YB2系列隔爆电机、立式滑动轴承结构电机、核电电机等第一台产品，填补了国内、国际空白，在平凡的岗位上做出了非凡的业绩。33年的时间里，别林悉心带徒34人，其中5人获得佳电股份技师资格、3人获得公司级"劳动模范"称号，成了企业的顶梁柱。如今，他在电机装配领域中不断刷新着自己的精彩人生。

技能链接

　　驱动电机拆装的主要步骤分为五步：执行工作准备、检视系统部件、检测系统部件、检修系统部件以及复检验收车辆。

一、执行工作准备

1）执行场地防护。

①设置警戒带和高压电警示牌。

②检查灭火器。

③检查绝缘垫。

④安装车轮挡块。

2）执行人身防护。

①穿戴绝缘服。

②穿戴绝缘鞋。

③穿戴绝缘手套。

驱动电机拆装

④佩戴安全头盔。

⑤戴护目镜。

3）检查设备和工具。吉利帝豪 EV450 维修手册、举升机、万用表等。

4）记录车辆信息。

5）车辆标准下电。

6）执行车辆防护。

①安装车辆绝缘翼子板布和格栅垫。

②安装车内四件套。

二、检视系统部件

1）查阅维修手册。

2）检视驱动电机冷却液。

3）检视驱动电机固定螺栓。

4）检视驱动电机线束及插接件。

三、检测系统部件

1）高低压断电。

2）搭铁线搭铁电阻。检查驱动电机搭铁线部位的搭铁电阻，应不大于 0.1Ω，如图 2-32 所示。

3）检查驱动电机定子绕组。检查驱动电机定子绕组，需要判断三相定子绕组之间有无短接，使用万用表测量驱动电机的定子绕组 U 和 V 之间、V 和 W 之间、W 和 U 之间的电阻值是否正常，如图 2-33 所示。

图 2-32 搭铁电阻检测

图 2-33 检查驱动电机定子绕组

四、检修系统部件

1. 驱动电机的拆卸

1）打开前机舱盖，如图 2-34 所示。

2）断开蓄电池负极电缆。

3）断开车载充电器处直流母线。

4）操作空调制冷剂的回收程序，如图 2-35 所示。

图 2-34　打开前机舱盖

图 2-35　操作空调制冷剂回收程序

5）拆卸左、右前轮轮胎。首先用拆卸工具取出车轮螺母罩，然后拧松车轮螺母，再举升车辆进行拆卸车轮螺母。注意：左、右两边车轮的拆卸方法相似，如图 2-36 所示。

图 2-36　拆卸左、右前轮轮胎

6）拆卸机舱底部护板总成。举升车辆，拆卸机舱底部护板总成。首先拆卸机舱底部左/右护板两侧固定螺钉及塑料卡扣，然后拆卸机舱底部左/右护板下固定螺钉及塑料卡扣，留下一个固定卡扣以稳住机舱底部左/右护板，再用手支撑住机舱底部左/右护板，拆卸并拆除最后一个固定卡扣，如图2-37所示。

7）拆卸车载充电器。拆卸车载充电机。分别断开与车载充电器连接的线束，拆卸与驱动电机总成连接的水管以及插接器，进而对车载充电机搭铁线进行拆卸，最后取出车载充电机，如图2-38所示。

图2-37 拆卸机舱底部护板总成

图2-38 拆卸车载充电器

8）拆卸电机控制器。首先拆卸电机控制器上盖，如图2-39所示。然后拆卸电机控制器，最后脱开电机控制器进出水管，注意水管脱开前请在车辆底部放置容器，接住冷却液，以免污染地面，如图2-40所示。

图2-39 拆卸电机控制器上盖　　　图2-40 拆卸电机控制器进水管

9）拆卸制冷空调管。

10）拆卸驱动轴，如图2-41所示。

图 2-41 拆卸驱动轴

注意 拆卸过程中应防止损坏减速器及油封侧接触端面。严禁拉扯防尘罩，防止驱动轴总成掉落，不得磕碰防尘罩和油封。

11）拆卸压缩机。拆卸电动压缩机总成。首先断开电动压缩机低压线束插接器 1，如图 2-42 所示。然后拆卸制冷空调管（压缩机侧）固定螺栓，脱开空调管。最后拆卸电动压缩机侧三个固定螺栓，取下电动压缩机，如图 2-43 所示。

图 2-42 断开电动压缩机低压
线束插接器

图 2-43 拆卸压缩机侧固定螺栓，
脱开空调管

12）拆卸电动真空泵。首先断开电动真空泵线束插接器 1，断开真空管 2，然后拆卸电动真空泵的固定螺栓 3，最后取下电动真空泵，如图 2-44 所示。

13）拆卸冷却水泵。断开电动水泵线束插接器，拆卸环箍，如图 2-45 所示。脱开散热器出水管（电动水泵侧），然后拆卸电动水泵螺栓。

注意 水管脱开前请在车辆底部放置容器，接住冷却液，以免污染地面，如图 2-46 所示。

14）拆卸驱动电机。断开 TCU 控制器插头 1、减速器电机插头 2，如图 2-47 所示。然后拆卸线束卡扣、驱动电机线束插头、线束搭铁线。最后拆卸电机进、出水管环箍，脱开电机冷却水管。注意：水管脱开前请在车辆底部放置容器，接住冷却液，以免污染地面。拆卸或安装水管环箍时都应使用专用的环箍钳，如图 2-48 所示。

图 2-44　拆卸电动真空泵

图 2-45　拆卸环箍

图 2-46　拆卸电动水泵螺栓

图 2-47　断开 TCU 控制器插头 1、减速器电机插头 2

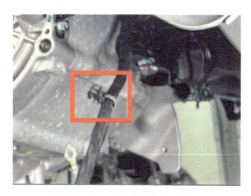

图 2-48　拆卸线束卡扣

拆卸后悬置，放置举升平台车，如图 2-49 所示。拆卸动力总成 2 个固定螺母，如图 2-50 所示。

图 2-49　放置举升平台车

图 2-50　拆卸动力总成 2 个
固定螺母

缓慢下降举升平台车，如图 2-51 所示，拆卸驱动电机隔声罩，拆卸驱动电机及减速器总成之间的连接螺栓，将驱动电机和减速器分离，如图 2-52 所示。

图 2-51　下降举升平台车

图 2-52　拆卸驱动电机及减速器总
成之间的连接螺栓

2. 驱动电机的安装

1）安装驱动电机。

①将驱动电机和减速器组装一起，紧固驱动电机及减速器连接螺栓。如图 2-53 所示，力矩为 23N·m（米制），14.8lbf·ft（英制），接着安装驱动电机隔声罩，然后将动力总成放置在举升平台工具上，缓慢上升举升平台车，如图 2-54 所示。

②接着紧固动力总成 2 个固定螺母，力矩：90N·m（米制），66.6lbf·ft（英制），如图 2-55 所示。

③连接驱动电机进、出水管。

注意　环箍装配位置应该与管路标示线对齐。

④安装线束搭铁线。力矩：9N·m（米制），6.7lbf·ft（英制）。

⑤然后连接驱动电机线束插接器，安装线束卡扣。

分别连接 TCU 控制器线束插接器 1 以及减速器电机线束插接器 2，如图 2-56 所示。安装线束卡扣。

注意 插接时注意"一插、二响、三确认"，如图 2-57 所示。

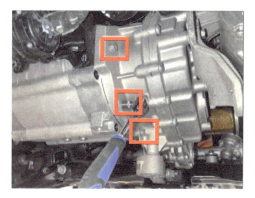

图 2-53 紧固连接螺栓

图 2-54 上升举升平台车

图 2-55 紧固动力总成 2 个固定螺母

图 2-56 连接 TCU 控制器插接器 1、减速器电机插接器 2

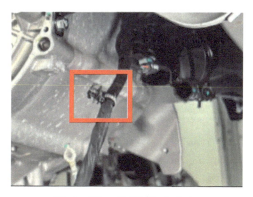

图 2-57 安装线束卡扣

放置后悬置，紧固后悬置固定螺栓 3，力矩：120N·m（米制），88.81bf·ft（英制）；紧固后悬置固定螺栓 2，力矩：80N·m（米制），59.21bf·ft（英制）；紧固后悬置穿心螺栓 1，力矩：90N·m（米制），66.61bf·ft（英制），如图 2-58 所示。

2）安装冷却水泵，如图 2-59 所示。

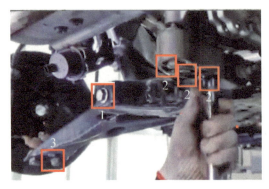

图 2-58　安装后悬置

图 2-59　安装冷却水泵

3）安装制动真空泵。安装电动真空泵 2 个固定螺栓 3，力矩：9N·m（米制），6.71bf·ft（英制），连接真空管 2，连接电动真空泵线束插接器 1，如图 2-60 所示。

4）安装压缩机。放置电动压缩机，紧固电动压缩机侧固定螺栓；连接制冷空调管（压缩机侧），紧固空调管固定螺栓，如图 2-61 所示。连接电动压缩机高压线束插接器 2，连接电动压缩机低压线束插接器 1，如图 2-62 所示。

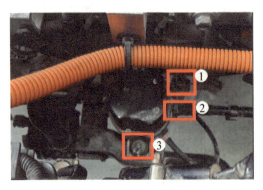

图 2-60　安装制动真空泵

图 2-61　紧固压缩机侧固定螺栓

5）安装制冷空调管。紧固制冷空调管冷凝器侧固定螺栓，力矩：9N·m（米制），6.61bf·ft（英制）。连接两根空调管，紧固制冷空调管压缩机侧两个固定螺栓。力矩：23N·m（米制），171bf·ft（英制），如图 2-63 所示。

图 2-62 连接压缩机高低压线束

图 2-63 连接两根空调管

6）安装电机控制器。

①连接电机控制器进水管以及出水管，如图 2-64 所示；紧固电机控制器的固定螺栓，如图 2-65 所示。

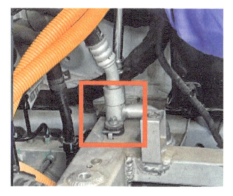

图 2-64 连接电机控制器进水管
以及出水管

图 2-65 紧固电机控制器的固定螺栓

②连接电机控制器线束插头，连接搭铁线，紧固螺母，盖上防尘盖，力矩：23N·m（米制），17lbf·ft（英制），如图 2-66 所示。

图 2-66 连接电机控制器线束插头

③连接三相线束，预紧驱动电机三相线束插接器（电机控制器侧）3个固定螺栓1，紧固驱动电机三相线束端子（电机控制器侧）3个固定螺栓2。螺栓2力矩：7N·m（米制），5.2lbf·ft（英制）。紧固驱动电机三相线束插接器（电机控制器侧）3个固定螺栓1。螺栓1力矩：23N·m（米制），17lbf·ft（英制）。

连接线束，预紧分线盒电机控制器高压线线束插接器（电机控制器侧）2个固定螺栓3，紧固分线盒电机控制器高压线端子（电机控制器侧）2个固定螺栓4。螺栓4力矩：7N·m（米制），5.2lbf·ft（英制）。紧固分线盒电机控制器高压线线束插接器（电机控制器侧）2个固定螺栓3。螺栓3力矩：23N·m（米制），17lbf·ft（英制），如图2-67所示。

④安装电机控制器上盖。放置电机控制器上盖，紧固电机控制器上盖8个螺栓，力矩：8N·m（米制），5.91bf·ft（英制），注意：电机控制器端盖合盖时采取对角法则拧紧，如图2-68所示。

图2-67 连接三相线束

图2-68 安装电机控制器上盖

7）安装机舱底部护板。

8）安装左、右前轮轮胎。

9）连接车载充电器处直流母线。

10）加注冷却液。拧开膨胀罐盖，加入吉利公司指定的冷却液型号；持续加注冷却液，直至膨胀罐内冷却液容量达到80%左右，且液位不再下降，膨胀罐保持开口状态；拔出电机控制器出水管，待电机控制器出水口有成股水流出，装上电机控制器出水管；除气完成，补充冷却液，恢复车辆，如图2-69所示。

11）连接蓄电池负极电缆。

12）操作空调制冷剂的加注程序。

13）关闭前机舱盖。

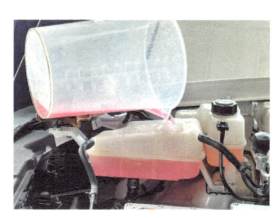

图 2-69 加注冷却液

五、复检验收车辆

1）清洁灰尘杂物。

2）安全降落车辆。

3）车辆标准上电。

4）竣工检验。

5）整理清扫。

素养养成

（1）执行工作准备阶段 在执行工作准备阶段，认真学习驱动电机拆装所需的基础知识，明确检查设备和工具、执行场地防护、执行车辆防护、执行人身防护、记录车辆信息五个工作环节的具体要求，能够处理在执行电动汽车维护与保养作业准备过程中遇到的困难，自主冷静思考，养成分析问题和解决问题的能力。

（2）检视系统部件阶段 在检视系统部件阶段，理解掌握检查驱动电机固定螺栓、驱动电机线束及插接件以及驱动电机冷却液检查的具体要求，此项任务工作量小但责任重大，需要进行全面的检视工作，切忌遗忘部位，所以在执行任务的过程中需要严于律己、注重团队配合，养成团队协作、爱岗敬业的职业素养。

（3）检测系统部件阶段 在检测系统部件阶段，理解掌握检测接地线接地电阻的操作步骤，并且其测量数据的准确与否直接影响工作安全，所以在日常工作中，要具备严谨规范、精益求精的工作态度。

（4）检修系统部件阶段 在检修系统部件阶段，需要掌握驱动电机总成拆卸以及驱动电机的安装的操作方法，在日常工作中，面对不同损耗状态的插接件，需要诚恳、真实地告诫车主，并且根据实际情况给出最优维修方案，所以在工作中应具备诚信友善、追求创新的职业精神。

（5）复检验收车辆阶段 在复检验收车辆阶段，需要掌握安全降落车辆、车辆标准上电、起动车辆、整理清扫的理论知识，并能付诸实际操作。随着技术的发展进步，汽车更新迭代迅速，作为一名未来汽车维修工作从业者，在面对不同的车型时，需要能懂、能开、能修，这就要求我们具备终身学习的意识和新知识的自学能力，如图 2-70 所示。

01 执行工作准备阶段	02 检视系统部件阶段	03 检测系统部件阶段	04 检修系统部件阶段	05 复检验收车辆阶段
养成分析问题和解决问题的能力	养成团队协作、爱岗敬业的职业素养	具备严谨规范、精益求精的工作态度	具备诚信友善、追求创新的职业精神	具备终身学习的意识和新知识的自学能力

图 2-70 任务素养养成

学习任务三 减速器的拆装

任务描述

　　一辆 2018 款的吉利帝豪 EV450 已行驶 2 万 km，需到店进行保养维护工作。你作为维修技师请对该车辆的减速器进行油位检查，以及对减速机构进行拆装。

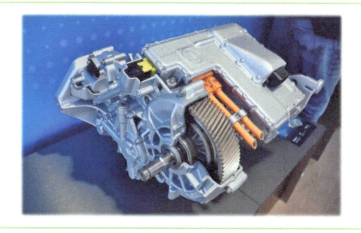

任务目标

知识目标

➤ 能简述减速器的内部构成。
➤ 能简述减速器的工作原理。

技能目标

➤ 能够执行电动汽车维保作业准备。
➤ 能够掌握减速器油位检查操作步骤。
➤ 能够掌握减速器的拆卸步骤。
➤ 能够掌握减速器的安装步骤。
➤ 能够复检验收车辆。

素养目标

➤ 能够具备分析问题和解决问题的能力。

➤ 能够养成团队协作、爱岗敬业的职业素养。

➤ 能够具备严谨规范、精益求精的工作态度。

➤ 能够具备诚信友善、追求创新的职业精神。

➤ 能够具备终身学习的意识和新知识的自学能力。

任务分析

重点

➤ 掌握减速器油位检查方法。

➤ 掌握拆卸减速器的方法。

➤ 掌握安装减速器的方法。

难点

➤ 拆卸减速机构上盖。

➤ 拆卸减速器齿轮轴。

➤ 安装减速器。

知识链接

减速器的内部构成

减速器主要由减速器箱体、减速机构、锁止机构、差速器、减速器控制器等主要部分组成，如图2-71所示。

1. 箱体

减速器箱体在减速器中起着支持和固定轴组件、保证轴组件运转精度、良好润滑及可靠密封等重要作用。箱体质量约占减速器总质量的50%。因此，箱体结构对减速器的工作性能、加工工艺、材料消耗、质量及成本等有很大影响。

2. 减速机构

汽车减速机构可以降低输出转速、增加转矩，从而达到理想的传动效果，满足工作需求，但要注意不能超出减速器额定转矩。

通过与其他齿状机械零件（如另一齿轮、齿条、蜗杆）传动，可实现改变转速与转矩、改变运动方向和改变运动形式等功能，由于齿轮机构传动效率高、传动比准确、功率范围大等优点，在工业产品中广泛应用。

图 2-72 所示为吉利帝豪 EV450 纯电动汽车的减速机构，由输入轴、输入轴齿轮、中间轴、中间轴齿轮 1（输入齿轮）、中间轴齿轮 2（输出齿轮）、差速器齿轮组成。驱动电机的动力输出轴通过花键直接与减速机构输入轴齿轮连接，通过中间轴输入或输出齿轮两级减速后传递给差速器齿轮，转动方向与驱动电机旋转方向相同，实现降低转速增大转矩的作用。动力传递路线为：驱动电机→输入轴→输入轴齿轮→中间轴齿轮 1→中间轴齿轮 2→差速器齿轮→差速器→左右半轴→左右车轮。

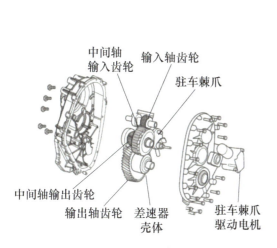

图 2-71　吉利帝豪减速器

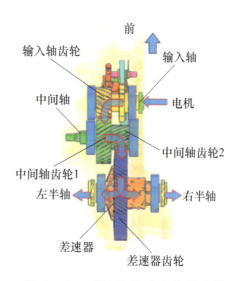

图 2-72　减速机构动力传递路线

3. 锁止机构

汽车变速杆置于 P 位时，驻车锁止机构将减速器齿轮在旋转方向上与变速器壳体固定，防止汽车停车状态溜车。

驻车锁止工作过程：驾驶人操作变速杆进入 P 位，电子换档器将驻车请求信号发送给控制单元，控制单元结合当前驱动电机转速及车轮转速判断是否符合驻车条件。当条件满足时，控制单元向驻车棘爪驱动电机发送指令使其工作，带动棘爪推片转动，使棘爪推片按压驻车棘爪，驻车棘爪嵌入锁止轮的齿槽，实现锁止固定。当驾驶人操作变速杆退出 P 位时，电机工作复位，驻车棘爪和棘爪推片在复位弹簧作用下复位，驻车棘爪退出锁止轮齿槽，如图 2-73 所示。

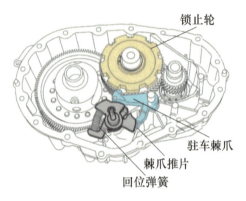

图 2-73　锁止机构

4. 差速器

汽车在弯道行驶时，外侧的车轮会出现拖滑，内侧的车轮会出现滑转，这样会增加车辆的行驶阻力，轮胎磨损也会加剧，同时还会使车辆转弯困难。而差速器可以使行星齿轮产生自转，使内侧半轴齿轮转速减慢，而外侧加快，从而让两侧的车轮的转速实现差异化，这样汽车在弯道行驶时就不会出现转弯困难等情况，如图 2-74 所示。

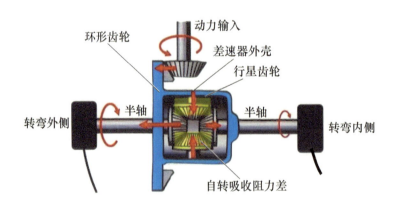

图 2-74　差速器工作原理

5. 减速器控制器

吉利 EV450 车型减速器控制器工作原理如图 2-75 所示，吉利 EV450 减速器控制器简称 TCU，TCU 通过 CAN 通信接收整车控制器（VCU）的控制命令执行指定动作，达到驻车或解除驻车的功能。

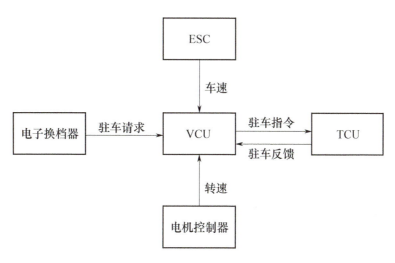

图 2-75　减速器控制器

素养育人

　　RV 传动是新兴起的一种传动，由一个行星齿轮减速器的前级和一个摆线针轮减速器的后级组成。每一个齿形、每一个孔位都有极其严格的精度要求，正是由于这种高精度要求，让这一领域被国外卡脖子近 30 年。从 2012 年起，武汉精华减速机有限公司开始研发 RV 减速器，经过 2 年多攻关，于 2014 年成功研发出拥有自主知识产权的 RV 减速器。经过近 10 年的埋头苦干，其研发的 RV 减速器已发展到 6 个系列。其中，该公司 2017 年研制出世界上已知最小的 RV 减速器，自重仅为 0.37kg，承载力矩为 45N·m，运行精度可达一根头发丝的 1/20，应用在高端医疗机器人身上。这款 RV 减速器刷新了世界纪录，公司更是被评为国家级专精特新"小巨人"企业。

技能链接

一、执行工作准备

1）执行场地防护。

①设置警戒带和高压电警示牌。

减速器拆装

②检查灭火器。

③检查绝缘垫。

④安装车轮挡块。

2）执行人身防护。

①穿戴绝缘服。

②穿戴绝缘鞋。

③穿戴绝缘手套。

④佩戴安全头盔。

⑤戴护目镜。

3）检查设备和工具。除需准备吉利帝豪 EV450 维修手册、举升机、万用表、诊断仪等，还需准备电机拆装台、150 件工具套装、一字螺丝刀以及指针式扭力扳手。

4）记录车辆信息。

5）车辆标准下电。

6）执行车辆防护。

①安装车辆绝缘翼子板布和格栅垫。

②安装车内四件套。

二、检视系统部件

1）查阅维修手册。

2）检视减速器外观标识。

3）检视减速器壳体、外观划痕。

4）检视减速器是否漏油。

三、检测系统部件

减速器油位检查

1）将车辆水平放置，并让减速器内部的油冷却，拆卸加注孔螺栓并检查油位。

2）减速器油面应该与加注孔下缘齐平。

3）重新安装并紧固加注孔螺栓。

四、检修系统部件

1. 拆卸减速机构

（1）拆卸减速器总成

1）打开前机舱盖。

2）断开蓄电池负极电缆。

3）断开车载充电器处直流电母线。

4）操作空调制冷剂的回收程序。

5）拆卸左、右前轮轮胎。

6）拆卸机舱底部护板总成。

7）拆卸车载充电器。

8）拆卸电机控制器。

9）拆卸制冷空调管。

10）拆卸驱动轴。

11）拆卸压缩机。

12）拆卸电动真空泵。

13）拆卸冷却水泵。

14）拆卸驱动电机。

（2）拆卸减速机构

1）差速器半轴拆卸。使用合适工具拆卸左侧差速器半轴挡圈以及密封圈。注意事项：需在一字螺丝刀头部包裹胶带，以防损伤部件，如图 2-76 所示。

图 2-76　拆卸差速器半轴挡圈

将差速器半轴用抹布包裹后，使用短钳进行固定。注意事项：以抹布包裹差速器半轴，以防损伤部件，如图 2-77 所示。使用内六角套筒等工具，拆卸差速器半轴固定螺栓，取下左侧差速器半轴，放置合适位置。

2）拆卸右侧差速器半轴。拆卸输

图 2-77　短钳固定差速器半轴

入轴密封圈，如图 2-78 所示，拆卸减速器与驱动电机结合密封圈，如图 2-79 所示。

图 2-78　拆卸输入轴密封圈

图 2-79　拆卸减速器与驱动电机结合
密封圈

3）使用合适工具按对角线顺序拆卸减速器内侧固定螺栓，以及减速器外侧固定螺栓，如图 2-80 所示。使用合适工具撬下减速器上盖。

注意　勿撬减速器壳体密封面，如图 2-81 所示。

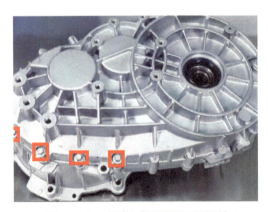

图 2-80　拆卸减速器固定螺栓

图 2-81　撬下减速器上盖

4）取下减速器上盖后，取出磁铁，如图 2-82 所示。取下减速器齿轮轴垫圈，拆卸过程中注意：按拆卸顺序整齐摆放，如图 2-83 所示。

5）拆卸减速器齿轮轴，注意事项：必须脱下手套进行操作，以免手套上的毛绒进入减速器造成故障，如图 2-84 所示。

图 2-82　取出磁铁

图 2-83 取下减速器齿轮轴垫圈　　　　图 2-84 拆卸减速器齿轮轴

6）拆卸中间轴，如图 2-85 所示。拆卸输入轴，如图 2-86 所示。

图 2-85 拆卸中间轴　　　　　　　　图 2-86 拆卸输入轴

7）拆卸输入轴密封圈。注意：输入轴密封圈为一次性零部件，每次拆卸后需更换新的输入轴密封圈，如图 2-87 所示。使用合适工具拆卸半轴油封 2，使用合适工具拆卸输入轴油封 1，每次拆卸后需更换新的输入轴油封，如图 2-88 所示。

图 2-87 拆卸输入轴密封圈　　　　　　图 2-88 拆卸半轴油封

2. 安装减速机构

（1）安装减速器

1）安装半轴油封 2、输入轴油封 1，如图 2-89 所示。安装输入轴密封圈，如图 2-90 所示。

图 2-89　安装半轴油封

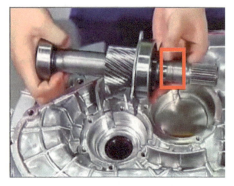

图 2-90　安装输入轴密封圈

2）在输入轴轴承和后箱体上，涂抹润滑油，将输入轴齿轮安装至前箱体内，如图 2-91 所示。

图 2-91　输入轴齿轮安装至前箱体内

3）在输入轴齿轮固定螺栓上涂抹螺纹胶，如图 2-92 所示，并用手旋入固定螺栓。使用 8mm 套筒等工具安装输入轴齿轮固定螺栓，如图 2-93 所示。

4）在中间轴轴承和后箱体上涂抹润滑油，将中间轴齿轮安装至前箱体内，如图 2-94 所示。在中间轴齿轮螺栓上涂抹螺纹胶，并用手旋入固定螺栓，使用合适工具安装中间轴齿轮固定螺栓，如图 2-95 所示。

5）在差速器齿轮轴轴承和后箱体上涂抹润滑油，如图 2-96 所示；将差速器齿轮轴安装至前箱体内，转动齿轮传动机构，检查各齿轮是否啮合到位，如图 2-97 所示。

图 2-92　涂抹螺纹胶

图 2-93　安装输入轴齿轮固定螺栓

图 2-94　涂抹润滑油

图 2-95　安装中间轴齿轮固定螺栓

图 2-96　差速器齿轮轴
轴承涂抹润滑油

图 2-97　检查齿轮啮合

6）在箱体结合面均匀涂抹密封胶。注意事项：密封胶应呈线条状，无明显断开，螺纹孔处密封胶需沿螺纹孔内侧涂抹，如图 2-98 所示。

7）将磁铁安装至后箱体上，如图 2-99 所示；安装合适厚度的差速器齿轮轴垫圈，如图 2-100 所示。

图 2-98　涂抹密封胶

图 2-99　安装磁铁

8）将减速器前后箱体合在一起，使用橡胶锤轻轻敲击，使箱体结合紧密，如图 2-101 所示。

图 2-100　安装差速器齿轮轴垫圈

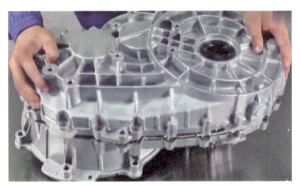

图 2-101　安装减速器前后箱体

9）用手旋入减速器外侧固定螺栓，使用 10mm 套筒等组合工具按对角线顺序拧紧减速器外侧固定螺栓，规定力矩为 25N·m，如图 2-102 所示。

10）用手旋入减速器内侧固定螺栓，使用 10mm 套筒等组合工具按对角线顺序拧紧减速器内侧固定螺栓，规定力矩为 25N·m，如图 2-103 所示。

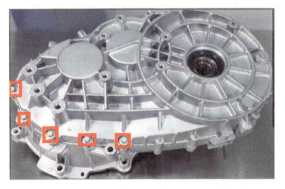

图 2-102　安装减速器外侧固定螺栓

图 2-103　安装减速器内侧固定螺栓

11）使用合适工具安装差速器齿轮轴固定螺栓，其力矩为 45N·m，如图 2-104 所示。

12）将左侧差速器半轴安装至差速器上，将差速器左侧半轴用抹布包裹后，再使用短钳进行固定。注意事项：用抹布包裹差速器半轴，以防止损伤部件。使用 6mm 内六角套筒等合适工具安装差速器半轴固定螺栓。

13）安装左侧挡圈及密封圈，如图 2-105 所示。

图 2-104　安装差速器齿轮轴固定螺栓　　　图 2-105　安装密封圈

14）安装右侧差速器半轴。安装输入轴密封圈，安装减速器与驱动电机结合密封圈，如图 2-106 所示。

（2）安装减速器总成到车辆上　减速器拆卸与安装过程参考哔哩哔哩上开心新能源博主的《新能源汽车驱动电机 / 减速器拆卸与安装》视频，详见参考文献。

图 2-106　安装减速器与驱动电机结合密封圈

五、复检验收车辆

1）清洁灰尘杂物。

2）安全降落车辆。

3）车辆标准上电。

4）竣工检验。

5）整理清扫。

素养养成

（1）执行工作准备阶段　在执行工作准备阶段，认真学习减速器拆装所需的基础知识，明确检查设备和工具、执行场地防护、执行车辆防护、执行人身防护、记录车辆信息五个工作环节的具体要求，能够处理在执行电动汽车维护与保养作业准备过程中遇到的困难，自主冷静思考，养成分析问题和解决问题的能力。

（2）检视系统部件阶段　在检视系统部件阶段，理解掌握检查减速器的外观标识的具体要求、减速器的螺栓是否松动、减速器是否漏油，此项任务工作量小但责任重大，需要进行全面地检视工作，切忌遗忘部位，所以在执行任务的过程中需要严于律己、注重团队配合，养成团队协作、爱岗敬业的职业素养。

（3）检测系统部件阶段　在检测系统部件阶段，理解掌握检测减速器油位检查的操作方法，在操作过程中掌握其操作要领，在日常工作中，要具备严谨规范、精益求精的工作态度。

（4）检修系统部件阶段　在检修系统部件阶段，需要掌握减速机构的拆卸以及减速机构的安装流程，在日常工作中，面对不同损耗状态的插接件，需要诚恳、真实地告诫车主，并且根据实际情况给出最优维修方案，所以在工作中应具备诚信友善、追求创新的职业精神。

（5）复检验收车辆阶段　在复检验收车辆阶段，需要掌握安全降落车辆、车辆标准上电、起动车辆、整理清扫的理论知识，并能付诸实际操作。随着技术的发展进步，汽车更新迭代迅速，作为一名未来汽车维修工作从业者，在面对不同的车型时，需要能懂、能开、能修，这就要求我们具备终身学习的意识和新知识的自学能力，如图 2-107 所示。

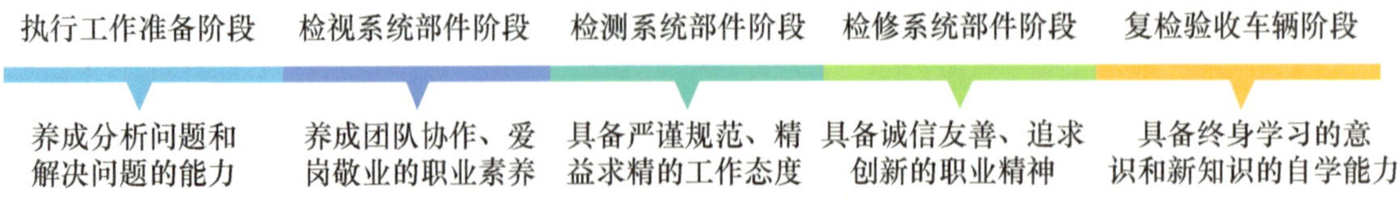

01	02	03	04	05
执行工作准备阶段	检视系统部件阶段	检测系统部件阶段	检修系统部件阶段	复检验收车辆阶段
养成分析问题和解决问题的能力	养成团队协作、爱岗敬业的职业素养	具备严谨规范、精益求精的工作态度	具备诚信友善、追求创新的职业精神	具备终身学习的意识和新知识的自学能力

图 2-107　任务素养养成

驱动电机及传动系统检修

情境描述

驱动电机及传动系统是纯电动汽车三大核心部件之一，是车辆得以行驶的关键系统。驱动电机及传动系统一般由驱动电机、驱动电机控制器、减速器等部件组成。驱动电机三相线束故障检修、驱动电机旋变信号故障检修、驱动电机温度过高故障检修是驱动电机及传动系统检修任务中的常见工作任务。

作为职业学校的学生，专业学习离不开真实的工作岗位，而技能竞赛、技能证书拓宽了学生对工作岗位的认知，强化了学生的职业能力。通过学习此情境，学生不仅能胜任工作岗位，还可以习得竞赛、证书中的工作任务与技能，核心任务融通情况如下图所示。

学习任务一 驱动电机三相线束故障检修	学习任务二 驱动电机旋变信号故障检修	学习任务三 驱动电机温度过高故障检修
● 检查设备和工具	● 检视旋转变压器线束插接器	● 检视温度传感器线束插接器
● 检视三相线束插接器	● 检测驱动电机旋变信号故障码	● 检测驱动电机温度过高故障码
● 检测驱动电机三相线束故障码	● 完成汽车下电与上电操作	● 完成汽车下电与上电操作
● 完成汽车下电操作	● 断开驱动电机线束插接器BV13与BV11	● 检查冷却水泵与散热风扇
● 断开驱动电机三相线束插接器	● 检测正弦、余弦、励磁电阻	● 检查冷却液与冷却回路密封性
● 检测驱动电机绝缘电阻	● 检测驱动电机信号屏蔽线路	● 检测驱动电机信号屏蔽线路
● 完成汽车上电操作	● 检测旋转变压器余弦信号线路	● 检测申机温度传感器元件阻值
● 检测驱动电机三相线束短路状况	● 检测旋转变压器正弦信号线路	● 检测电机温度传感器1的信号线路
● 检测驱动电机三相线束断路状况	● 检测旋转变压器励磁信号线路	● 检测电机温度传感器2的信号线路
● 检测驱动电机三相线束绝缘电阻	● 执行复检验收车辆工作	● 执行复检验收车辆工作

注：岗与赛、岗与证的重叠任务或标准，执行岗的任务或标准，执行赛的任务或标准，执行证的任务或标准

学习任务一　驱动电机三相线束故障检修

■ 任务描述

　　一辆 2018 款的吉利帝豪 EV450 汽车到店进行保养维护，车主表示汽车通电后驱动电机不转，发出"嗡嗡"声，且车身抖动，无法行驶。你作为维修技师，请利用故障诊断仪器对该车辆进行故障诊断与检修。

■ 任务目标

✎ 知识目标

➤ 能够掌握三相线束理论基础知识。

➤ 能够掌握定子磁场与转子磁场的工作原理。

➤ 能够了解三相线束短路和断路的基本类型。

✎ 技能目标

➤ 能够执行电动汽车维护保养作业准备。

➤ 能够检视三相线束插接器的外壳、紧固螺钉及零件固定情况。

➤ 能够检测驱动电机相间电阻与对地电阻。

➤ 能够检修驱动电机三相线束故障。

➤ 能够复检验收车辆。

素养目标

➤ 能够具备分析问题和解决问题的能力。

➤ 能够养成团队协作、爱岗敬业的职业素养。

➤ 能够具备严谨规范、精益求精的工作态度。

➤ 能够具备诚信友善、追求创新的职业精神。

➤ 能够具备终身学习的意识和新知识的自学能力。

任务分析

重点

➤ 检测驱动电机三相线束的断路线路。

➤ 检测驱动电机三相线束的短路线路。

➤ 检测驱动电机三相线束对地电阻。

难点

➤ 区分驱动三相线束的短路类型。

➤ 检测驱动电机三相线束对地电阻。

知识链接

一、三相线束理论依据

以吉利帝豪 EV450 车型为例，车辆行驶时，电流从动力电池流出，通过直流母线依次流入车载充电器分线盒、电机控制器、驱动电机，在此过程中，电机控制器通过三相线束，将电流输入到驱动电机，以产生驱动力。能量传递路线如图 3-1 所示，能量回收时传递路线相反。

图 3-1 能量传递路线

1. 定子磁场

根据法拉第电磁感应定律，变化的电流会产生变化的磁场。当给电机定子绕组加三相交流电时，定子绕组便会产生一个圆形旋转的电磁场，其转速称为同步转速，如图 3-2 所示。

磁场旋转速度为 $n=60f/p$

式中 n 为同步转速（r/min）；

f 为电源频率（Hz）；

p 为电机定子磁极对数。

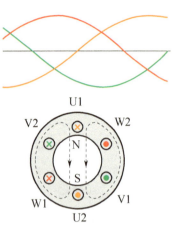

图 3-2 驱动电机内部产生的圆形旋转磁场与对应的三相电源波形图

2. 转子磁场

对于异步电机，转子的转动是通过定子中的旋转磁场切割转子导条，使转子绕组产生感应电动势并由此产生感应电流，该电流在磁场中会受磁场力使转子产生转矩从而转动，即转子的动力来源于定子旋转磁场。对于同步电机，转子本身是一个具有永磁体产生磁场的磁铁，根据磁铁同极相斥异极相吸的特性，转子永磁体的 N 极就始终会对着定子磁场的 S 极，转子的 S 极始终对着定子磁场的 N 极。因此，只要定子磁场的 N/S 极一直转动，转子也要跟着转动，转子永磁体结构如图 3-3 所示。

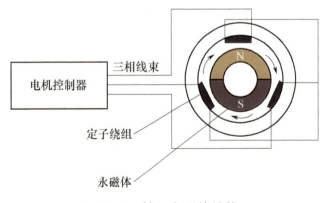

图 3-3 转子永磁体结构

3. 三相线束

新能源三相电缆线束是混合动力及电动汽车的必要线束，它是将电力传送给各个部件的主桥，是新能源汽车最关键的线束。电机三相电缆用于连接三相电机定子绕组、三相电源及其他三相设备，一般由三芯同股绞线组成，通常也叫三芯导线。电机三相线束的重要作用是将电力从电机控制器传输到电机，保证电机正常运行，如图3-4、图3-5所示。

图 3-4 连接在驱动电机上的三相线束

图 3-5 三相线束局部放大图

三相电是一组幅值相等、频率相等、相位互相差120°的三相交流电，由有三相绕组的三相交流发电机产生。三相电机的UVW分别代表电机的三组绕组，多用U1、V1、W1，U2、V2、W2标志三组绕组的接线首、尾端子。目前流行的电动汽车电机主要有三类，一是无刷直流电机，二是交流异步电机，三是永磁同步电机。无论是异步还是同步的三相电机，大多数三相电机的3根引出线分别为U、V、W线束，分别接到控制器输出的对应三相线上就可以控制电机旋转。三相电机通常采用星形或三角形两种接法，但以星形联结为主，一般在接线端子上有3个铜连片，将尾端连在一起为星形联结，如图3-6所示。将相邻两相的首尾连接为三角形联结，如图3-7所示。

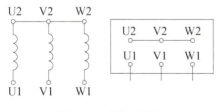
图 3-6 星形联结

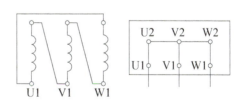
图 3-7 三角形联结

二、三相线束短路

三相电机绕组短路是由于电机电流过大、电源电压变动过大、断相运行、机械碰伤、制造不良等造成绝缘损坏，可分为三相短路、两相短路、单相短路和两相搭铁短路。其中，三相短路称作对称短路，其余三类均属不对称短路。

1. 单相搭铁短路

单相搭铁短路是指在中性点搭铁系统中，一相与搭铁短接，属于不对称短路，如图 3-8 中的 $k^{(1)}$ 所示。

2. 两相搭铁短路

两相搭铁短路是指在中性点搭铁系统中，两相在不同地点与搭铁短接，属于不对称短路，如图 3-9 中的 $k^{(1,1)}$ 所示。

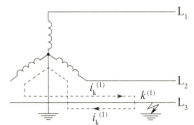

图 3-8　单相搭铁短路电路图　　　　图 3-9　两相搭铁短路电路图

3. 两相短路

两相短路是指两相同时在一点短接的电路，属于不对称短路，如图 3-10 中的 $k^{(2)}$ 所示。

4. 三相短路

三相短路是指三相同时在一点短接，属于对称短路，它是危害最严重的短路形式，如图 3-11 中的 $k^{(3)}$ 所示。

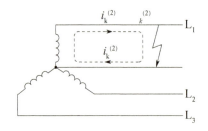
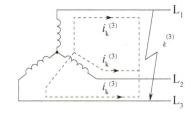

图 3-10　两相短路电路图　　　　图 3-11　三相短路电路图

三、三相线束断路

断路是指处于电路没有闭合开关，或者导线没有连接好，或用电器烧坏或没安装好，即整个电路在某处断开的状态。三相永磁同步电机电路结构如

图 3-12 所示，当本该开闭合的回路在某处断开时，没有电流的流动，电机不能正常工作。

三相电动机绕组断路故障多发生于电动机绕组的端部、各绕组元件的接线头或电动机引出线端等地方，因此首先要检查这些地方。如果发现断头或接头松脱时，应把导线连接牢固，包上新的绝缘材料才可以使用。如果是由于绕组匝间短路等故障而造成的断路，一般需要更换绕组。

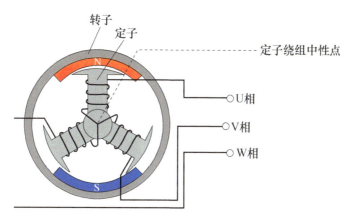

图 3-12　三相永磁同步外转子电机电路结构

素养育人

目前，我国工业电机的出口量及出口金额都大于进口，但出口产品以一般中小型电机为主，技术含量低，价格比国外的同类产品便宜很多；进口产品则以高端微特电机、大型大功率工业电机为主，进售单价普遍高于同类产品出口价。从总体看，我国很多科技含量高的商品，如高速精细无刷主轴电机、高精密步进电机等并未在我国生产制造，仍处在依靠进口的情况。

技能链接

一、执行工作准备

1）执行场地防护。

①设置警戒带和高压电警示牌。

驱动电机三相
线束故障检修

②检查灭火器。

③检查绝缘垫。

④安装车轮挡块。

2）执行人身防护。

①穿戴绝缘服。

②穿戴绝缘鞋。

③穿戴绝缘手套。

④佩戴安全头盔。

⑤穿戴护目镜。

3）检查设备和工具。

①检测绝缘拆装工具。

②检查绝缘电阻表。

③检查万用表。

④检查汽车诊断仪。

⑤检查万用接线盒。

4）记录车辆信息。

5）执行车辆防护。

①安装车辆绝缘翼子板布和格栅垫。

②安装车内四件套。

二、检视系统部件

1）检视三相线束插接器外壳。

2）检视三相线束插接器的清洁。

3）检查三相线束插接器的保护搭铁线。

三、检测系统部件

1. 读取故障码

1）操作起动开关，使电源模式至 ON 状态，如图 3-13 所示。

2）连接故障诊断仪，读取故障码→消除故障码→读取故障码，如图 3-14 所示。

图 3-13 起动车辆

图 3-14 仪表盘显示系统故障

3）读取电机的三相电压、电流数据流，如图 3-15、图 3-16 所示。

图 3-15 奇瑞诊断仪界面

图 3-16 故障码界面

2. 查阅维修手册

1）查阅维修手册，读取故障码含义。

2）查阅电机的三相电压、电流正常数值，检查监视电机的负载情况，负载是否在额定的允许范围内。

3）根据维修手册检修步骤，进行车辆维护。

3. 检测驱动电机绝缘电阻

1）测量绝缘电阻前，完成下电操作。

2）正确选择仪表。测量三相电机的绝缘电阻，应该选择绝缘电阻表（数字式或指针式），选用绝缘电阻表的原则如下：

①根据被测线路或电器设备的电压选择绝缘电阻表的额定电压等级，如图 3-17 所示。

图 3-17 绝缘电阻表

②测量 500V 及以下的线路或设备，选用 500V 或 1000V 的绝缘电阻表。

③额定电压在 500V 以上的线路或设备，应选用 1000V 或 2500V 的绝缘电阻表。

④对于绝缘子、母线等高压设备或线路应选用 2500V 或 5000V 的绝缘电阻表。

3）选择量程。根据被测线路或电器设备的绝缘电阻要求来选择绝缘电阻表额定的量程。例如，线路的绝缘要求不少于 1000 MΩ 才能达到合格标准，则选用绝缘电阻表时应确保其量程大于 1000 MΩ。

4）测量电阻。如果各相绕组的始末端均引出机壳外，应断开各相之间的连接线，分别测量每相绕组对机壳的绝缘电阻，即绕组对地的绝缘电阻；然后测量各相绕组之间的绝缘电阻，即相间绝缘电阻。如果绕组只有始端或末端引出机壳外，则应测量所有绕组对机壳的绝缘电阻值，电阻数值不得低于 1MΩ/1kV。

四、检修系统部件

1. 维修计划呈现

1）查阅维修手册，确定故障含义，见表 3-1。

表 3-1　三相线束故障码

故障码	说明
P0A9000	电流控制不合理故障
P1C3304	电机控制器故障等级 1（降功率）

2）查找故障相关电路图，如图 3-18 所示。

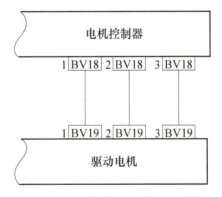

图 3-18　三相线束电器原理简图

3）确定故障范围。

①驱动电机三相线束短路。

②驱动电机三相线束断路。

③驱动电机三相线束绝缘失效。

2. 检测驱动电机三相线束相间短路状况

以帝豪 EV450 车型为例，使用万用表测量 BV19 接电机总成线束插接器，检测驱动电机三相线束是否相互短路故障。具体步骤如下。

1）操作汽车至 OFF 状态，先断开蓄电池负极，等待 5~10min，再断开直流母线，完成下电操作。

2）使用棘轮扳手，取下驱动电机外壳上的 8 个螺钉，断开驱动电机三相线束插接器 BV19，如图 3-19、图 3-20、图 3-21、图 3-22 所示。

图 3-19 拆下驱动电机外壳紧固螺钉

图 3-20 取下驱动电机外壳

图 3-21 拆下三相线束内侧紧固螺钉

图 3-22 拆下三相线束外侧紧固螺钉

3）断开 PEU（电机控制器）三相线束插接器 BV18，如图 3-23、图 3-24 所示。

图 3-23　断开 PEU 三相线束插接器 BV18　　图 3-24　取出 PEU 三相线束插接器 BV18

4）用万用表按照表 3-2 进行测量，操作步骤如图 3-25、图 3-26、图 3-27、图 3-28 所示。

表 3-2　三相线束相间电阻

测量位置 A	测量位置 B	测量标准值
BV19-1	BV19-2	标准电阻：20kΩ 或更高
BV19-1	BV19-3	
BV19-2	BV19-3	

图 3-25　准备好万用表　　　　图 3-26　万用表测量 BV19-1
　　　　　　　　　　　　　　　　　与 BV19-2 电阻

图 3-27　万用表测量 BV19 -1　　图 3-28　万用表测量 BV19-2
　　　　与 BV19-3 电阻　　　　　　　　与 BV19-3 电阻

5）确认测量值是否符合标准，若不符合则需要修理或更换线束。

3. 检测驱动电机三相线束断路状况

检测驱动电机三相线束断路故障，具体步骤如下。

1）完成汽车下电操作，断开驱动电机三相线束插接器 BV19 与 BV18。

2）用万用表按表 3-3 进行测量。确认测量值是否符合标准，测量步骤如图 3-29、图 3-30、图 3-31、图 3-32 所示，若不符合则需要修理或更换线束。

表 3-3　三相线束电阻值

测量位置 A	测量位置 B	测量标准值
BV19-1	BV18-1	
BV19-2	BV18-2	标准电阻：小于 1Ω
BV19-2	BV18-3	

图 3-29　测量 BV19-1 与 BV18-1 电阻

图 3-30　测量 BV19-2 与 BV18-2 电阻

图 3-31　测量 BV19-2 与 BV18-3 电阻

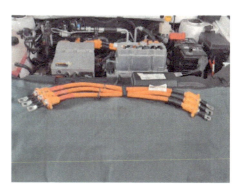

图 3-32　三相线束

4. 检测驱动电机三相线束对地电阻

检测驱动电机三相线绝缘电阻，具体步骤如下。

1）完成汽车的下电操作，断开驱动电机三相线束插接器 BV19 和 PEU 三相线束插接器 BV18。

2）用万用表按表 3-4 进行测量，确认测量值是否符合标准，测量步骤如图 3-33 所示。若不符合则需要修理或更换线束。

表 3-4　BV19 车身搭铁对地电阻

测量位置 A	测量位置 B	测量标准值
BV19-1	车身搭铁	标准电阻：20kΩ 或更高
BV19-2	车身搭铁	
BV19-3	车身搭铁	

图 3-33　检测驱动电机三相线束搭铁对地电阻

五、复检验收车辆

1）安全降落车辆。

2）车辆标准上电。

3）竣工检验。

4）整理清扫。

素养养成

（1）执行工作准备阶段　认真学习完成三相线束故障检测所需的基础知识，完成检查设备和工具、执行场地防护、执行车辆防护、执行人身防护四个主要的准备环节，能够处理在执行故障检修过程中遇到的困难，自主冷静思考，养成分析问题和解决问题的能力。

（2）检视系统部件阶段　在检视系统部件阶段，包括检视旋转变压器线

束插接器外壳、检视旋转变压器线束插接器的清洁、检视旋转变压器线束插接器的保护搭铁线是否松动，此项任务需要进行全面地检视工作，切忌遗忘部位，所以在执行任务的过程中需要严于律己、注重团队配合，养成团队协作、爱岗敬业的职业素养。

（3）检测系统部件阶段　在检测系统部件阶段，包括读取故障码、查阅维修手册、检测驱动电机绝缘电阻三大环节，并且其测量数据的准确与否直接影响下一阶段的故障检测判断，所以在日常工作中，要具备严谨规范、精益求精的工作态度。

（4）检修系统部件阶段　在检修系统部件阶段，包括维修计划呈现、检测驱动电机三相线束短路状况、检测驱动电机三相线束断路状况、检测驱动电机三相线束对地电阻、检测驱动电机三相线束绝缘电阻五大环节。其中，三相线束属于电机控制器高压部件上的高压线束，系统部件的检修需要在确保安全的前提下完成，即在检修之前，完成高压防护、安全下电的流程。

（5）复检验收车辆阶段　在复检验收车辆阶段，需要掌握安全降落车辆、车辆标准上电、起动车辆、整理清扫的理论知识，并能付诸实际操作。随着技术的发展进步，汽车更新迭代迅速，作为一名未来汽车维修工作从业者，在面对不同的车型时，需要能懂、能开、能修，这就要求我们具备终身学习的意识和新知识的自学能力。

学习任务二　驱动电机旋变信号故障检修

任务描述

　　一辆 2018 款的吉利帝豪 EV450 汽车到店进行保养维护工作，车主表示车辆起动时，READY 灯点亮，但车辆仪表故障栏显示驱动电机控制器故障，车辆驱动电机在未挂档时有不同转速显示，但挂档后，车辆无法起步。你作为维修技师请对该车辆的驱动电机及传动系统进行检查。

任务目标

知识目标

➢ 能够掌握旋转变压器的作用和结构。

➢ 能够掌握正弦、余弦和励磁信号的产生原理。

➢ 能够掌握正弦、余弦和励磁信号的安装方法。

➢ 能够掌握信号屏蔽路线的组成及屏蔽原理。

技能目标

➢ 能够检视旋转变压器线束插接器。

➢ 能够检测驱动电机旋转变压器的正弦、余弦、励磁电阻值。

➢ 能够检测驱动电机旋转变压器正弦、余弦、励磁信号线路。

➢ 能够判断旋转变压器故障类型。

➢ 能够检测驱动电机信号屏蔽线路。

素养目标

➢ 能够具备分析问题和解决问题的能力。

➢ 能够养成团队协作、爱岗敬业的职业素养。

➢ 能够具备严谨规范、精益求精的工作态度。

➢ 能够具备诚信友善、追求创新的职业精神。

➢ 能够具备终身学习的意识和新知识的自学能力。

任务分析

重点

➢ 检视驱动电机旋转变压器部件。

➢ 驱动电机旋转变压器的正弦、余弦、励磁电阻的检测方法。

➢ 驱动电机旋变信号故障检修方法。

难点

➢ 检测驱动电机旋转变压器的正弦、余弦、励磁电阻值。

➢ 检测驱动电机旋转变压器正弦、余弦、励磁信号线路。

知识链接

一、旋转变压器作用

旋转变压器是电机控制中常用的一种位置传感器，通过向电机控制器提供正弦信号、余弦信号和励磁信号等，以便电机控制器确定相关算法，再将电机控制系统运行状态的信息发送给整车控制器。该信号由安装在驱动电机上的旋转变压器提供，经过电机控制器内旋变解码器解码后，控制相应的 IGBT 功率管导通，按顺序给定子三个线圈通电，驱动电机旋转。因此，旋转变压器的作用就是精准测量电机转子的位置、转速及旋转方向，将这些信号传输给电机控制器，由软件的控制算法来控制电机。旋转变压器如图 3-34 所示。

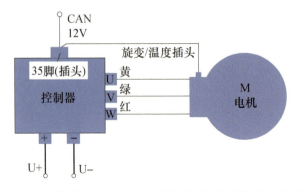

图 3-34 北汽 ev160 驱动电机旋转变压器车身位置

二、旋转变压器结构

旋转变压器的结构和绕线式异步电机的结构相似，可分为定子和转子两大部分，其中定子绕组作为变压器的原边，接收励磁电压，励磁频率通常用400Hz、3000Hz 及 5000Hz 等。转子绕组作为变压器的副边，通过电磁耦合得到感应电压。

定子和转子的铁心由铁镍软磁合金或硅钢薄板冲成的槽状片叠成，它们的绕组分别嵌入各自的槽状铁心内。根据转子绕组两种不同的引出方式，旋转变压器分为有刷式和无刷式两种结构形式。

旋变器与电机控制器通过 6 根低压线束相连接，其中，2 根是电机控制器励磁信号，另外 4 根分别是旋变器输出的正弦信号和余弦信号，6 根线中的任何一根线路出现故障都会导致驱动电机无法正常工作。旋转变压器的结构组成如图 3-35 所示。

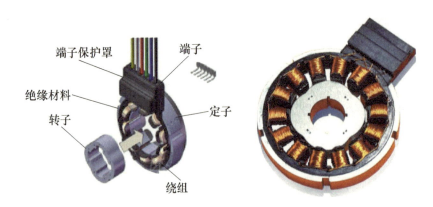

图 3-35 旋转变压器的结构组成

三、旋转变压器安装

旋变转子与驱动电机转子同轴连接，驱动电机旋转时，带动旋变转子随电机转轴旋转。旋变信号的作用是反映驱动电机转子当前的旋转相位，电机控制器再通过旋变信号计算当前的驱动电机转速。旋转变压器的结构如图 3-36 所示。

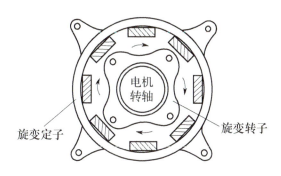

图 3-36　旋转变压器的结构

旋转变压器绕组包括励磁绕组、正弦绕组和余弦绕组三部分，其中励磁绕组与正弦绕组绕制方向相同，与余弦绕组绕制方向相反。旋转变压器作为电机转子位置反馈器件，通过 3 对差分信号线：EXC+ /– 正弦励磁信号、SIN+ /– 正弦反馈信号、COS +/– 余弦反馈信号，与电机控制器连接，如图 3-37 所示。

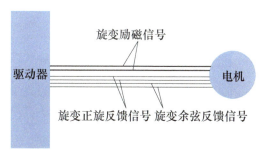

图 3-37　正弦、余弦和励磁信号

四、旋转变压器原理

普通变压器的原边和副边的绕组是相对固定的，中间有铁心进行电磁交变，所以输出与输入的电压比是固定的。旋转变压器的原边绕组不动，副边绕组随转子旋转，当转子的转角位置改变时，其副边绕组输出电压的大小会随转子角位移而发生变化。

励磁绕组被注入交流电，产生频率恒定的磁场，永磁同步电机转子转动，会使余弦信号绕组和正弦信号绕组中的磁通量发生变化，由于旋转变压器的励磁绕组中为频率恒定的交流电，因此无论转子转速如何，频率恒定的磁场均会输出至余弦信号绕组和正弦信号绕组。转子的磁极形状也比较特殊，使得转子和定子铁心之间的气隙呈正弦形状，转子在旋转时，气隙是在不断变化的，使得两相输出绕组信号成正余弦的关系。旋转变压器的输出信号如图 3-38 所示。

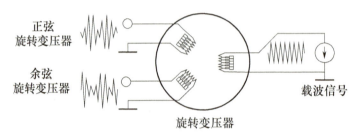

图 3-38　旋转变压器输出信号

五、信号屏蔽线

信号屏蔽线主要由信号导线、屏蔽层、搭铁线、护套组成，如图 3-39 所示。屏蔽层主要由铜、铝等非磁性材料制成，并且很薄，厚度远小于特定频率范围内金属材料的趋肤效应深度，屏蔽层的效果主要不是由于金属体本身对电场、磁场的反射、吸收而产生的，而是由于屏蔽层的搭铁产生的，搭铁的形式不同将直接影响屏蔽效果。

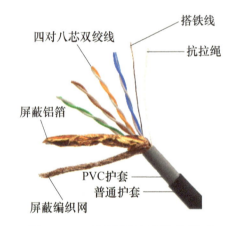

图 3-39　信号屏蔽线结构组成

信号屏蔽线是在信号导线的外部包裹一层屏蔽层，起到抗干扰的作用，一般屏蔽层为编织铜网或铜箔（铝），屏蔽层在使用时需要搭铁，从而将外来的干扰信号被该层导入大地，避免干扰信号进入内层导体干扰，同时降低传输信号的损耗。信号屏蔽线如图 3-40 所示。

图 3-40　外层镀锡的电子信号屏蔽线

✏ 素养育人

　　我国旋转变压器的研发和生产，起源于国防工业的需求。为了突破国外的产品和技术封锁，中国电子科技集团有限公司第二十一研究所和西安微电机研究所基于国防工业需求，较早地进行军用高精度旋转变压器的研发，并形成小批量多品种的生产能力。但军用产品生产工艺复杂、成本较高，难以在民用工业等市场推广应用。旋转变压器的环境适应性强且寿命长，有着霍尔传感器、光学编码器等其他传感器无法比拟的优势，故其在各类工况复杂的环境中得到了广泛应用。

技能链接

一、执行工作准备

1）执行场地防护。

①设置警戒带和高压电警示牌。

②检查灭火器。

③检查绝缘垫。

④安装车轮挡块。

驱动电机旋变
信号故障检修

2）执行人身防护。

①穿戴绝缘服。

②穿戴绝缘鞋。

③穿戴绝缘手套。

④佩戴安全头盔。

⑤穿戴护目镜。

3）检查设备和工具。

①检测绝缘拆装工具。

②检查绝缘电阻表。

③检查万用表。

④检查汽车诊断仪。

⑤检查万用接线盒。

4）记录车辆信息。

5）执行车辆防护。

①安装车辆绝缘翼子板布和格栅垫。

②安装车内四件套。

二、检视系统部件

1. 检视旋转变压器线束插接器外壳

首先，检查线束插接器是否完好无损，有无松动或接触不良的现象。检查旋转变压器线束插接器的外壳是否有裂纹，各紧固螺钉及零件是否齐全，固定情况是否良好。线束插接器会因为长期摩擦或环境因素而损坏，导致电器出现故障，如果发现插接器损坏，需要及时更换。旋转变压器车身位置如图 3-41 所示。

图 3-41　旋转变压器车身位置

2. 检视旋转变压线束插接器的清洁

检视旋转变压器线束插接器是否有油污、潮湿、松动，要保持线束插接器清洁、连接可靠，如图 3-42 所示。

3. 检视旋转变压器线束插接器是否松动

检视旋转变压器线束插接器的连接是否良好、无松动，如图 3-43 所示。检查旋转变压器线束外壳是否有裂纹，各紧固螺钉及零件是否齐全，固定情况是否良好。线束插接器会因为长期摩擦或环境因素而损坏，导致电器出现故障，如果发现插接器损坏，需要及时更换。

图 3-42　检视旋转变压器线束
插接器是否有油污

图 3-43　检视旋转变压器线束
插接器的连接是否良好

三、检测系统部件

1. 读取故障码

首先，操作起动开关使电源模式至 ON 状态。连接故障诊断仪，读取故障码、消除故障码、再读取故障码以及读取相关数据流。读取的故障码如图 3-44、图 3-45 所示。

图 3-44　查看数据流

图 3-45　读取故障码

2. 查阅维修手册

1）查阅维修手册，读取故障码含义。

2）查阅电机的正弦、余弦、励磁电阻值正常数值。

3）根据维修手册检修步骤进行车辆维护。

四、检修系统部件

1. 维修计划呈现

1）查阅维修手册，确定故障含义，旋变信号部分相关故障码见表 3-5。

表 3-5　旋变信号部分相关故障码

故障码	说明
P0C5300	sine/cosine 输入信号消波故障
P0C511C	sine/cosine 输入信号超过电压阈值
P0C5200	sine/cosine 输入信号低于电压阈值
P150700	电机超速故障

2）查找故障相关电路图，如图 3-46 所示。

3）确定故障范围。

①驱动电机信号屏蔽线路故障。

②驱动电机旋转变压器余弦信号线路故障。

③驱动电机旋转变压器正弦信号线路故障。

④驱动电机旋转变压器励磁信号线路故障。

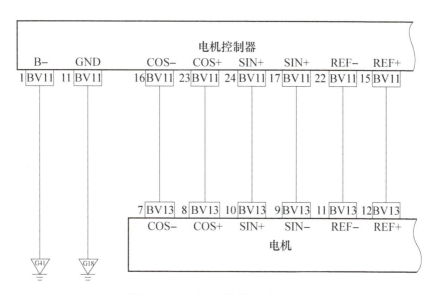

图 3-46 旋变信号的电路图

2. 确定驱动电机旋转变压器的正弦、余弦、励磁电阻值标准

确定电机旋变的正弦、余弦、励磁电阻值标准，以帝豪 EV450 车型为例，驱动电机旋转变压器的正弦、余弦、励磁电阻值正常值分别为：

1）余弦：（14.5 ± 1.5）Ω。

2）正弦：（13.5 ± 1.5）Ω。

3）励磁：（9.5 ± 1.5）Ω。

3. 检测驱动电机信号屏蔽线路

1）操作起动开关使电源模式至 OFF 状态，断开蓄电池负极，等待5~10min，断开与车载充电器直流母线，完成汽车下电操作。断开电机控制器线束插接器 BV11，如图 3-47、图 3-48 所示。

图 3-47 断开电机控制器线束插接器 BV11

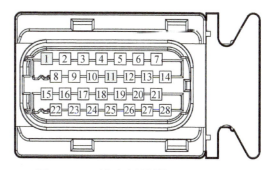

图 3-48 线束插接器 BV11 端子图

2）先安装直流母线，后安装蓄电池负极，操作起动开关使电源模式至 ON 状态。

3）用万用表测量电机控制器线束插接器 BV11 的 1 号、11 号端子与车身搭铁之间的电阻。确认测量值是否符合标准电阻：小于 1Ω，若不符合则需要修理或更换线束，测量步骤如图 3-49、图 3-50 所示。

图 3-49　检测 BV11 的 1 号端子与车身搭铁之间的电阻

图 3-50　检测 BV11 的 11 号端子与车身搭铁之间的电阻

4. 检测驱动电机旋转变压器余弦信号线路

1）操作起动开关使电源模式至 OFF 状态，断开蓄电池负极，等待 5~10min，断开直流母线，完成汽车下电操作。断开驱动电机线束插接器 BV13 与电机控制器线束插接器 BV11，如图 3-51、图 3-52 所示。

图 3-51　断开驱动电机线束插接器 BV13

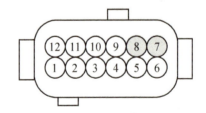

图 3-52　驱动电机线束插接器 BV13 端子图

2）先安装直流母线，后安装蓄电池负极，操作起动开关使电源模式至 ON 状态。

3）用万用表按表 3-6 进行测量。确认测量值是否符合标准，若不符合则需要修理或更换线束。操作步骤如图 3-53、图 3-54、图 3-55、图 3-56 所示。

表 3-6　检测驱动电机旋转变压器余弦信号线路标准值

测量位置 A	测量位置 B	标准值
BV13-7	BV11-16	标准电阻：小于 1Ω
BV13-8	BV11-23	
BV13-7	BV13-8	标准电阻：10kΩ 或更高
BV13-7	车身搭铁	
BV13-8	车身搭铁	
BV13-7	车身搭铁	标准电压：0V
BV13-8	车身搭铁	

图 3-53　检测 BV13 与 BV11 电阻

图 3-54　检测 BV13-7 与 BV13-8 电阻

图 3-55　检测 BV13-7 对搭铁电压

图 3-56　检测 BV13-8 对搭铁电压

5. 检测驱动电机旋转变压器正弦信号线路

1）操作起动开关使电源模式至 OFF 状态，断开蓄电池负极电缆，等待 5~10min。断开驱动电机线束插接器 BV13 与电机控制器线束插接器 BV11。

2）先安装直流母线，后安装蓄电池负极，操作起动开关使电源模式至 ON 状态。

3）用万用表按表 3-7 进行测量。确认测量值是否符合标准，若不符合则需要修理或更换线束。操作步骤如图 3-57、图 3-58、图 3-59、图 3-60 所示。

表 3-7　检测驱动电机旋转变压器正弦信号线路测量标准值

测量位置 A	测量位置 B	测量标准值
BV13-9	BV11-17	标准电阻：小于 1Ω
BV13-10	BV11-24	
BV13-9	BV13-10	标准电阻：10kΩ 或更高
BV13-9	车身搭铁	
BV13-10	车身搭铁	
BV13-9	车身搭铁	标准电压：0V
BV13-10	车身搭铁	

图 3-57　检测 BV13 与 BV11 电阻

图 3-58　检测 BV13-9 与 BV13-10 电阻

图 3-59　检测 BV13 搭铁电阻

图 3-60　检测 BV13 电压

6. 检测驱动电机旋转变压器励磁信号线路

1）先断开蓄电池负极电缆，等待 5~10min，后断开直流母线，完成汽车下电操作。断开驱动电机线束插接器 BV13 与电机控制器线束插接器 BV11。

2）先安装直流母线，后安装蓄电池负极，操作起动开关使电源模式至 ON 状态。

3）用万用表按表 3-8 进行测量。确认测量值是否符合标准，若不符合则需要修理或更换线束，操作步骤如图 3-61、图 3-62、图 3-63、图 3-64 所示。

表 3-8　检测驱动电机旋转变压器励磁信号线路测量标准值

测量位置 A	测量位置 B	测量标准值
BV13-11	BV11-22	标准电阻：小于 1Ω
BV13-12	BV11-15	
BV13-11	BV13-12	标准电阻：10kΩ 或更高
BV13-11	车身搭铁	
BV13-12	车身搭铁	
BV13-11	车身搭铁	标准电压：0V
BV13-12	车身搭铁	

图 3-61　检测 BV13 与 BV11 电阻　　图 3-62　检测 BV13-11 与 BV13-12 电阻

图 3-63　检测 BV13 对搭铁电阻　　　图 3-64　检测 BV13 电压

五、复检验收车辆

1）清洁灰尘杂物。
2）安全降落车辆。
3）车辆标准上电。
4）竣工检验。
5）整理清扫。

素养养成

（1）执行工作准备阶段　认真学习完成驱动电机旋变信号故障检测所需的基础知识，完成检查设备和工具、执行场地防护、执行车辆防护、执行人身防护四个主要的准备环节，能够处理在执行旋转变压器故障检修过程中遇到的困难，自主冷静思考，养成分析问题和解决问题的能力。

（2）检视系统部件阶段　在检视系统部件阶段，包括检视旋转变压器线束插接器外壳、检视旋转变压器线束插接器的清洁、检视旋转变压器线束插接器的保护搭铁线是否松动三大环节具体要求，此项任务需要进行全面地检视工作，切忌遗忘部位，所以在执行任务的过程中需要严于律己、注重团队配合，养成团队协作、爱岗敬业的职业素养。

（3）检测系统部件阶段　在检测系统部件阶段，包括读取故障码、查阅维修手册、机械性能检测三大环节，并且其测量数据的准确与否直接影响下一阶段的故障检测判断，所以在日常工作中，要具备严谨规范、精益求精的工作态度。

（4）检修系统部件阶段　在检修系统部件阶段，维修计划呈现、确定驱动电机旋转变压器的正弦、余弦、励磁电阻值标准；检测驱动电机信号屏蔽线路；检测驱动电机旋转变压器余弦信号线路；检测驱动电机旋转变压器正弦信号线路；检测驱动电机旋转变压器励磁信号线路。在检修之前、完成高压防护、安全下电的流程。

（5）复检验收车辆阶段　在复检验收车辆阶段，需要掌握安全降落车辆、车辆标准上电、起动车辆、整理清扫的理论知识，并能付诸实际操作。随着技术的发展进步，汽车更新迭代迅速，作为一名未来汽车维修工作从业者，在面对不同的车型时，需要能懂、能开、能修，这就要求我们具备终身学习的意识和新知识的自学能力。

学习任务三 驱动电机温度过高故障检修

任务描述

一辆 2018 款的吉利帝豪 EV450 已行驶 2 万 km，需到店进行保养维护，仪表提示驱动电机温度过高，系统功率降低，你作为维修技师请对该车辆的驱动电机及传动系统进行外观检查。

任务目标

知识目标

➢ 能够掌握温度传感器的作用、组成及工作原理。

➢ 能够掌握驱动电机过温控制原理。

➢ 能够掌握驱动电机过温保护电路的组成。

➢ 能够掌握并区分驱动电机过温故障类型。

技能目标

➢ 能够检查电机冷却系统的工作情况。

➢ 能够检测驱动电机信号屏蔽线路。

➢ 能够检测电机温度传感器的电阻值。

➢ 能够检测电机温度传感器信号线路的通断。

素养目标

➤ 能够具备分析问题和解决问题的能力。

➤ 能够养成团队协作、爱岗敬业的职业素养。

➤ 能够具备严谨规范、精益求精的工作态度。

➤ 能够具备诚信友善、追求创新的职业精神。

➤ 能够具备终身学习的意识和新知识的自学能力。

任务分析

重点

➤ 检测驱动电机信号屏蔽线路。

➤ 检测电机温度传感器的信号线路的通断。

➤ 检测温度传感器线束端子之间的电阻值。

➤ 检测电机温度传感器元件阻值。

➤ 判断驱动电机过温故障类型。

难点

➤ 检测温度传感器线束端子之间的电阻值。

➤ 检测电机温度传感器的信号线路。

➤ 判断驱动电机过温故障类型。

知识链接

一、温度传感器

1. 温度传感器的作用及分类

为避免因温度过高而造成组件损坏，很多电机使用温度传感器来监控电机定子绕组的温度。不同车型的驱动电机，温度传感器的规格不一样。例如，电机使用温度传感器可以分成正温度系数与负温度系数的驱动电机温度传感器。负温度系数传感器，又称负温度系数（Negative Temperature Coefficient，NTC）热敏电阻器，如图 3-65 所示，它的电阻会随着温度的升高而降低，随着温度的降低而升高，代表性车型为吉利 EV300/EV450 和比亚迪 e5。正温度系数传感器的电阻值会随着温度的升高而增加，随着温度的降低而减小，又称正温度系数（Positive Temperature Coefficient，PCT）热敏电阻器，如图 3-66 所示，代表性车型为北汽 EU260。

图 3-65　负温度系数传感器　　　　图 3-66　正温度系数传感器

2. 温度传感器的组成

温度传感器的组成主要包括热敏电阻器和壳体，如图 3-67 所示。对于负温度系数的温度传感器，它的热敏电阻是 NTC 热敏电阻器，它是一种以过渡金属氧化物为主要原材料，采用电子陶瓷工艺制成的热敏陶瓷组件，可以呈现出温度与电阻值成反比的特性。对于正温度系数的温度传感器，它的热敏电阻是正温度系数热敏电阻器，目前使用的 PTC 材料主要分为陶瓷基 PTC 材料和高分子基 PTC 材料两种类型，可以呈现出温度与电阻值成正比的特性。

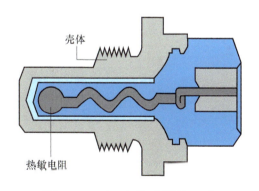

图 3-67　温度传感器的组成

3. 温度传感器的工作原理

NTC 热敏电阻器以锰、钴、镍和铜等金属氧化物为主要材料，采用陶瓷工艺制造而成。这些金属氧化物材料都具有半导体性质，因为在导电方式上完全类似锗、硅等半导体材料。温度低时，这些氧化物材料的载流子数目少，所以其电阻值较高；随着温度的升高，载流子数目增加，所以热敏电阻阻值降低。以吉利 EV450 安装的温度传感器型号 SEMITEC 103NT-4 为例，电阻随温度的升高而降低的情况见表 3-9。

对于 PTC 热敏电阻阻值阶跃增高的原因，在于 PTC 热敏电阻材料组织是由许多微晶构成的，在晶粒的界面上形成势垒，阻碍电子越界进入到相邻区域中，因而产生高的电阻。这种效应在温度低时被抵消，在高温时，介电常数和极化强度大幅度地降低，导致势垒及电阻大幅度地增高。

表 3-9　吉利电机温度传感器 SEMITEC 103NT-4 型号的参数

温度 /℃	电阻值 /kΩ	温度 /℃	电阻值 /kΩ	温度 /℃	电阻值 /kΩ
0	27.86	14	15.38	28	8.934
1	26.65	15	14.77	29	8.609
2	25.51	16	14.19	30	8.297
3	24.42	17	13.64	31	7.998
4	23.38	18	13.11	32	7.711
5	22.39	19	12.61	33	7.436
6	21.45	20	12.12	34	7.173
7	20.56	21	11.66	35	6.921
8	19.71	22	11.22	36	6.679
9	18.90	23	10.79	37	6.447
10	18.13	24	10.39	38	6.225
11	17.40	25	10.00	39	6.011
12	16.69	26	9.629	40	5.806
13	16.02	27	9.274	41	5.608

二、驱动电机过温控制

1. 驱动电机过温原因

电动汽车在电机驱动与能量回收的工作过程中，电机铁心、绕组都会产生能耗，这些损耗以热量的形式向外发散，驱动电机转子产生的热量如图 3-68 所示。因此需要有

图 3-68　驱动电机转子产生热量

效的冷却介质及冷却方式来进行散热，保证电机在一个稳定的冷热循环平衡的通风系统中安全可靠运行。这些热量会对驱动系统的正常工作和使用寿命造成不良影响，电机在运行过程中产生的热对电机的物理、电气和力学特征有重要的影响，当温度上升到一定程度，电机的绝缘材料会发生本质的变化，最终使其失去绝缘能力。

2. 驱动电机过温控制原理

对电机过热保护常用的方法是在电机定子的绕组里埋设体积极小的传感器用热敏电阻器，在正常情况下电机过热保护用温度传感器处于低阻态，不影响电机的正常运转。当电机内部因故障过热时，电机过热保护用温度传感器受热阻值跃变，与之配合的继电器失电释放，电机停止运转，等候排除故障后重新运转。

驱动电机温度传感器通常被放置在定子绕组内部，数量为 2~3 个，分别是 U 相温度传感器、V 相温度传感器、W 相温度传感器。例如宝马 i3 后轮驱动电动汽车装备了 2 个温度传感器，吉利 EV300/450 安装了 2 个温度传感器，北汽 EU260 则安装了 3 个电机温度传感器，如图 3-69 所示。驱动电机温度传感器一般不能直接测量转子温度，而是根据定子内的温度传感器测量值进行确定，其信号以模拟方式由电机控制器读取和分析。

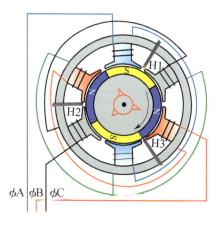

图 3-69 放置在定子绕组内部的温度传感器

H1—温度传感器 1　H2—温度传感器 2　H3—温度传感器 3

3. 驱动电机过温保护电路

过温保护（Over Temperature Protection，OTP）是一种常见的电子保护功

能，通常用于保护电路和电子设备不受高温的损害。通常由温度传感器、比较器、触发器和开关管等部分组成，如图 3-70 所示。温度传感器通常是一种热敏电阻器，其电阻值随着温度的变化而变化。比较器则用来比较传感器输出的电压信号和一个预设的阈值电压信号，当传感器输出的电压信号超过阈值电压信号时，比较器输出一个高电平信号，触发保护电路切断电源，以保护设备。

图 3-70　过温保护电路组成

当电路或设备的温度升高到超过预设阈值时，过温保护会自动触发，以便通过断开电源或限制电流来控制温度下降并防止进一步的加热。

三、驱动电机温度过高的故障类型

电机温度过高故障通常由以下几种原因造成：电机冷却系统故障、电机温度传感器失效和电机 IGBT 工作温度过高。

1. 电机冷却系统故障

当检测到驱动电机温度过高故障进行故障排除分析时，先确定低压冷却系统是否正常，比如冷却液位是否正常，散热器风扇是否正常工作，冷却水泵是否正常。电机冷却系统组成如图 3-71 所示。

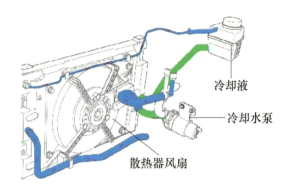

图 3-71　电机冷却系统组成

2. 电机温度传感器失效

在确定外部系统基本没有问题后，则需要进行内部检测，主要是测量电机内部温度传感器是否良好，一种方法是通过诊断仪进入电机控制器系统内读取温度。如果无法读取温度值，则采用另一种方法，用万用表直接测量脚位电压值和线路电阻值是否正常，如图 3-72 所示。

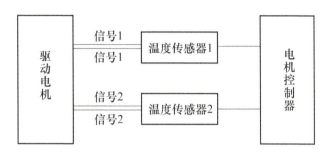

图 3-72 吉利帝豪 EV450 温度传感器线路

3. 电机 IGBT 工作温度过高

如果上述测量温度传感器结果正常，则需要做最后一步也就是 IGBT 检测。IGBT（Insulated Gate Bipolar Transistor）全称是"绝缘栅双极型晶体管"，是由 BJT（双极型晶体管）和 MOS（绝缘栅型场效应管）组成的复合全控型—电压驱动式—功率半导体器件，在能源转换与传输中起着重要作用，它是自动控制和功率变换的核心器件，是影响电动汽车性能的核心技术。它被称为电力电子装置的"CPU"，如图 3-73 所示。

图 3-73 IGBT 模块

✏️ **素养育人**

从 17 世纪初伽利略发明温度计开始，人们开始利用温度进行测量。真正把温度变成电信号的传感器是 1821 年由德国物理学家赛贝发明的，这就是后来的热电偶传感器。在半导体技术的支持下，本世纪相继开发了半导体热电偶传感器、PN 结温度传感器和集成温度传感器。智能温度传感器（亦称数字温度传感器）是在 20 世纪 90 年代中期问世的。它是微电子技术、计算机技术和自动测试技术（ATE）的结晶。

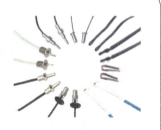

技能链接

一、执行工作准备

1）执行场地防护。

①设置警戒带和高压电警示牌。

②检查灭火器。

③检查绝缘垫。

④安装车轮挡块。

驱动电机温度
过高故障检修

2）执行人身防护。

①穿戴绝缘服。

②穿戴绝缘鞋。

③穿戴绝缘手套。

④佩戴安全头盔。

⑤穿戴护目镜。

3）检查设备和工具。

①检测绝缘拆装工具。

②检查绝缘电阻表。

③检查万用表。

④检查汽车诊断仪。

⑤检查万用接线盒。

4）记录车辆信息。

5）执行车辆防护。

①安装车辆绝缘翼子板布和格栅垫。

②安装车内四件套。

二、检视系统部件

1. 检查冷却系统

检查低压冷却系统是否正常、如冷却液位是否正常、散热器风扇是否正常工作，冷却水泵是否正常。

2. 检查温度传感器线束插接器

使用气枪清洁温度传感器线束插接器灰尘，检查线束插接器是否完好无损，有无松动或接触不良的现象，如图 3-74、图 3-75 所示。检查温度传感器线束插接器的外壳是否有裂纹，各紧固螺钉及零件是否齐全，固定情况是否良好。线束插接器会因为长期摩擦或环境因素而损坏，导致电器出现故障，如果发现插接器损坏，需要及时更换。

图 3-74 温度传感器的车身位置

图 3-75 使用气枪清洁温度传感器线束插接器灰尘

三、检测系统部件

1. 读取故障码

1）操作起动开关使电源模式至 ON 状态。

2）连接故障诊断仪，读取故障码→消除故障码→读取故障码。

3）读取相关数据流。

2. 查阅维修手册

1）查阅维修手册，读取故障码含义。

2）查阅电机温度传感器元件阻值正常数值。

3）根据维修手册检修步骤进行车辆维护。

四、检修系统部件

1. 维修计划呈现

1）查阅维修手册，确定故障含义，驱动电机部分过温故障码见表 3-10。

表 3-10　三相线束故障码

故障码	说明
P0A9300	冷却液过温故障
P0A2C00	定子温度最大值超过阈值
P0A2B00	定子温度过温故障

2）查找故障相关电路图，驱动电机温度传感器的相关电路图如图 3-76 所示。

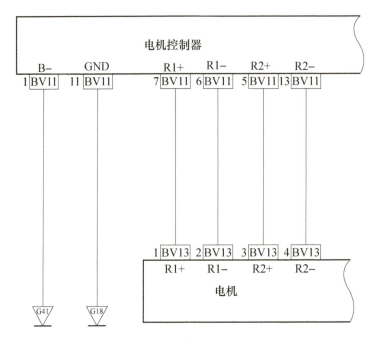

图 3-76　电器原理简图

3）确定故障范围。

①冷却液过低。

②驱动电机信号屏蔽线路故障。

③电机温度传感器元件故障。

④电机温度传感器的信号线路故障。

2. 检测驱动电机信号屏蔽线路

1）操作起动开关使电源模式至 OFF 状态，断开蓄电池负极，等待 5~10min，断开车载充电机直流母线，完成下电操作。接着，断开电机控制器线束插接器 BV11，如图 3-77 所示。

2）完成汽车上电步骤，操作起动开关使电源模式至 ON 状态。用万用表测量电机控制器线束插接器 BV11 的 1 号、11 号端子与车身搭铁之间的电阻，如图 3-78 所示。确认测量值是否符合标准电阻：小于 1Ω，若不符合则需要修理或更换线束。

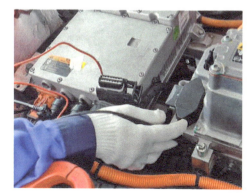

图 3-77　断开电机控制器线束插接器　BV11

图 3-78　检测 BV11 的 1 号端子与车身搭铁之间的电阻

3. 检测电机温度传感器元件阻值

操作起动开关使电源模式至 ON 状态。连接故障诊断仪，读取电机温度传感器元件阻值。确认温度传感器元件阻值是否符合表 3-11 中的标准，若不符合则需要修理或更换电机温度传感器。

表 3-11　温度传感器元件标准阻值

电机工作温度	电机温度传感器标准阻值
-40℃	（241 ± 20）Ω
20℃	（13.6 ± 0.8）Ω
85℃	（1.6 ± 0.1）Ω

4. 检测电机温度传感器 1 的信号线路

1）完成汽车下电操作，断开驱动电机线束插接器 BV13 与电机控制器线束插接器 BV11。

2）完成汽车的上电步骤，用万用表按表 3-12 进行测量。确认测量值是否符合标准，若不符合则需要修理或更换线束。操作步骤如图 3-79、图 3-80、图 3-81、图 3-82 所示。

表 3-12　测量标准值（一）

测量位置 A	测量位置 B	测量标准值
BV13-1	BV11-7	标准电阻：小于 1Ω
BV13-2	BV11-6	
BV13-1	BV13-2	标准电阻：10kΩ 或更高
BV13-1	车身搭铁	
BV13-2	车身搭铁	
BV13-1	车身搭铁	标准电压：0V
BV13-2	车身搭铁	

图 3-79　检测 BV13 与 BV11 电阻

图 3-80　检测 BV13 电阻

图 3-81　检测 BV13 对搭铁电阻

图 3-82　检测 BV13 电压

5. 检测电机温度传感器 2 的信号线路

1）完成汽车下电操作，断开驱动电机线束插接器 BV13 与电机控制器线束插接器 BV11。

2）完成汽车上电操作，用万用表按表 3-13 进行测量。确认测量值是否符合标准，若不符合则需要修理或更换线束。操作步骤如图 3-83、图 3-84、图 3-85、图 3-86 所示。

表 3-12　测量标准值（一）

测量位置 A	测量位置 B	测量标准值
BV13-1	BV11-7	标准电阻：小于 1Ω
BV13-2	BV11-6	
BV13-1	BV13-2	标准电阻：10kΩ 或更高
BV13-1	车身搭铁	
BV13-2	车身搭铁	
BV13-1	车身搭铁	标准电压：0V
BV13-2	车身搭铁	

图 3-79　检测 BV13 与 BV11 电阻

图 3-80　检测 BV13 电阻

图 3-81　检测 BV13 对搭铁电阻

图 3-82　检测 BV13 电压

5. 检测电机温度传感器 2 的信号线路

1）完成汽车下电操作，断开驱动电机线束插接器 BV13 与电机控制器线束插接器 BV11。

2）完成汽车上电操作，用万用表按表 3-13 进行测量。确认测量值是否符合标准，若不符合则需要修理或更换线束。操作步骤如图 3-83、图 3-84、图 3-85、图 3-86 所示。

2）完成汽车上电步骤，操作起动开关使电源模式至 ON 状态。用万用表测量电机控制器线束插接器 BV11 的 1 号、11 号端子与车身搭铁之间的电阻，如图 3-78 所示。确认测量值是否符合标准电阻：小于 1Ω，若不符合则需要修理或更换线束。

图 3-77　断开电机控制器线束插接器 BV11

图 3-78　检测 BV11 的 1 号端子与车身搭铁之间的电阻

3. 检测电机温度传感器元件阻值

操作起动开关使电源模式至 ON 状态。连接故障诊断仪，读取电机温度传感器元件阻值。确认温度传感器元件阻值是否符合表 3-11 中的标准，若不符合则需要修理或更换电机温度传感器。

表 3-11　温度传感器元件标准阻值

电机工作温度	电机温度传感器标准阻值
-40℃	（241±20）Ω
20℃	（13.6±0.8）Ω
85℃	（1.6±0.1）Ω

4. 检测电机温度传感器 1 的信号线路

1）完成汽车下电操作，断开驱动电机线束插接器 BV13 与电机控制器线束插接器 BV11。

2）完成汽车的上电步骤，用万用表按表 3-12 进行测量。确认测量值是否符合标准，若不符合则需要修理或更换线束。操作步骤如图 3-79、图 3-80、图 3-81、图 3-82 所示。

表 3-13 测量标准值（二）

测量位置 A	测量位置 B	测量标准值
BV13-3	BV11-5	标准电阻：小于 1Ω
BV13-4	BV11-13	
BV13-3	BV13-4	标准电阻：10kΩ 或更高
BV13-3	车身搭铁	
BV13-4	车身搭铁	
BV13-3	车身搭铁	标准电压：0V
BV13-4	车身搭铁	

图 3-83 检测 BV13 与 BV11
之间电阻

图 3-84 检测 BV13-3 与 BV13-4
之间电阻

图 3-85 检测 BV13 车身搭铁电阻

图 3-86 检测 BV13 车身搭铁电压

五、复检验收车辆

1）清洁灰尘杂物。

2）安全降落车辆。

3）车辆标准上电。

4）竣工检验。

5）整理清扫。

素养养成

（1）执行工作准备阶段 认真学习完成驱动电机过温故障检测所需的基础知识，完成检查设备和工具、执行场地防护、执行车辆防护、执行人身防护四个主要的准备环节，能够处理在执行驱动电机三相线束故障检修过程中遇到的困难，自主冷静思考，养成分析问题和解决问题的能力。

（2）检视系统部件阶段 在检视系统部件阶段，检查低压冷却系统是否正常，如冷却液位是否正常，散热器风扇是否正常工作，冷却水泵是否正常；检查温度传感器线束插接器，如检查线束插接器是否完好无损，有无松动或接触不良的现象，检查线束插接器是否有裂纹、老化现象。此项任务需要进行全面地检视工作，切忌遗忘部位，所以在执行任务的过程中需要严于律己、注重团队配合，养成团队协作、爱岗敬业的职业素养。

（3）检测系统部件阶段 在检测系统部件阶段，包括读取故障码、查阅维修手册、检测电机冷却回路密封性三大环节，并且其测量数据的准确与否直接影响下一阶段的故障检测判断，所以在日常工作中，要具备严谨规范、精益求精的工作态度。

（4）检修系统部件阶段 在检修系统部件阶段，维修计划呈现、检查驱动电机冷却液、检测驱动电机信号屏蔽线路、检测电机温度传感器元件阻值、检测电机温度传感器信号线路。在检修之前、完成高压防护、安全下电的流程。

（5）复检验收车辆阶段 在复检验收车辆阶段，需要掌握安全降落车辆、车辆标准上电、起动车辆、整理清扫的理论知识，并能付诸实际操作。随着技术的发展进步，汽车更新迭代迅速，作为一名未来汽车维修工作从业者，在面对不同的车型时，需要能懂、能开、能修，这就要求我们具备终身学习的意识和新知识的自学能力。

参考文献

［1］孙逢春. 电动汽车工程手册［M］. 北京: 机械工业出版社，2019.

［2］张之超，邹德伟. 新能源汽车驱动电机与控制技术［M］. 北京: 北京理工大学出版社，2019.

［3］何洪文. 电动汽车原理与构造［M］. 北京: 机械工业出版社，2019.

［4］龙志军，王远明. 新能源汽车驱动电机技术［M］. 北京: 机械工业出版社，2023.

［5］李仕生，张科. 新能源汽车驱动电机及传动系统检修［M］. 北京: 机械工业出版社，2022.

［6］周旭，石未华. 新能源汽车动力蓄电池与驱动电机系统结构原理及检修［M］. 北京: 机械工业出版社，2023.

［7］刘星，刘莉明，宋建华. 新能源汽车概论［M］. 北京: 机械工业出版社，2017.

［8］景平利，敖东光，薛菲. 电动汽车检查与维护［M］. 北京: 机械工业出版社，2017.

［9］宫英伟，混合动力电动汽车结构原理与检修［M］. 北京: 机械工业出版社，2020.

［10］何洪文，熊瑞. 电动汽车原理与构造［M］. 北京: 机械工业出版社，2018.

［11］敖东关. 电动汽车结构原理与检修［M］. 北京: 机械工业出版社，2018.

［12］巩航军. 新能源汽车电机驱动系统检修［M］. 北京: 机械工业出版社，2019.

［13］何忆斌，侯志华. 新能源驱动电机技术［M］. 北京: 机械工业出版社，2021.

［14］严朝勇. 电动汽车电机控制与驱动技术［M］. 北京: 机械工业出版社，2018.

［15］郎宏芳. 驱动电机及控制技术［M］. 北京: 电子工业出版社，2021.

［16］王景智. 新能源汽车驱动电机及控制系统检修［M］. 北京: 机械工业出版社，2023.

［17］李建伟. 新能源汽车驱动电机与控制技术［M］. 北京: 化学工业出版社，2022.

［18］吉利汽车有限公司. 吉利帝豪 EV450 维修手册. ［M］. 吉利汽车有限公司. 2018

［19］CSDN博客. 电机的UVW三相不同接法_三相电机uvw接线示意图. ［EB/OL］. （2020-07-13）. https: //blog. csdn. net/qq_41799143/article/details/107322154.

［20］百度百科. 电机极数. ［EB/OL］. . https: //baike. baidu. com/item/%E7%94%B5%E6%9C%BA%E7%BA%A7%E6%95%B0/1912736?fr=ge_ala.

［21］汽车维修技术网. 磁阻式旋转变压器（电驱动位置传感器）的基本工作原理. ［EB/OL］. （2023-10-23）. https: //www. qcwxjs. com/ddqczs/305663. html.

［22］知乎网. 线束世界|屏蔽线原理及接法. ［EB/OL］. （2021-05-24）. https: //zhuanlan. zhihu. com/p/374700580?utm_id=0.

［23］百度文库. 驱动电机温度传感器的原理与检测. ［EB/OL］. （2022-10-22）. https: //wenku. baidu. com/view/2dae73604873f242336c1eb91a37f111f0850d4a. html?_wkts_=1706883624438&bdQuery=%5B23%5D.

［24］与非网. ntc热敏电阻阻值与温度的关系.［EB/OL］.（2022-01-25）. https: //www. baidu. com/s?ie=UTF-8&wd=%5B24%5Dntc.

［25］知乎网. 5分钟！搞懂NTC热敏电阻！.［EB/OL］.（2022-08-14）. https: //zhuanlan. zhihu. com/p/553656575.

［26］与非网. 什么是过温保护过温保护怎么解决.［EB/OL］.（2022-06-17）. https: //www. eefocus. com/e/520359. html.

［27］哔哩哔哩网. 新能源汽车驱动电机|减速机构组装，三轴轴调整垫片计算.［EB/OL］. （2023-09-24）. https: //www. bilibili. com/video/BV1vz4y1V732?vd_source=dd0a3241d07c a4ca45d67042a18c2421.

［28］哔哩哔哩网. 电机控制器内部是啥东西？拆开看看.［EB/OL］.（2022-07-15）. https: // www. bilibili. com/video/BV19a411n7BT/?vd_source=dd0a3241d07ca4ca45d670.

［29］百度百科. 新能源汽车电机控制器总成的拆装——吉利EV（详解）.［EB/OL］.（2022- 07-19）. https: //baijiahao. baidu. com/s?id=1738743549352106325&wfr=spider&for=pc.

［30］哔哩哔哩网. 新能源教学视频-8电机控制器的拆装.［EB/OL］.（2021-08-01）. https: // www. bilibili. com/video/BV1k44y1177w?vd_source=dd0a3241d07ca4ca45d67042a18c242.

［31］哔哩哔哩网. 新能源汽车驱动电机|减速机构拆卸.［EB/OL］.（2023-09-22）. https: // www. bilibili. com/video/BV1du411g75P?vd_source=dd0a3241d07ca4ca45d67042a18c242.

中等职业教育汽车专业理实一体化系列教材

电动汽车电机及传动系统保养与检修

实训工单

主　编　秦国锋　陈健健　邓　森

班　级　_____

姓　名　_____

机械工业出版社

目　录

工作任务一　驱动电机及传动系统外观检查

情境描述： 一辆 2018 款的吉利帝豪 EV450 已行驶 2 万 km，需到店进行保养维护。你作为维修技师请对该车辆的驱动电机及传动系统进行外观检查。

时长安排： 8 课时（360min）。

典型工作环节（一）：执行工作准备	2 课时

| 资讯 | 1. 请将下列物品与名称连起来。

绝缘手套　　灭火器　　安全头盔　　绝缘工具箱　　绝缘垫

　2. 绝缘工具是采用绝缘材料进行加工并适用于电气系统拆装等操作的工具。作业前，需要对动力电池维修工具进行检查，保证其_____无破洞和裂纹、_____、干燥，不能_____进行操作，以确保安全。

　3. 检查作业现场是否配备灭火器或其他灭火器材，以及灭火器和灭火器箱的型式、外观、结构部件、_____、规格、材料、制造商名称、_____与检验报告是否一致；检查作业环境是否符合防火要求。

　4. 检查绝缘垫有无破损、磨损等现象。绝缘垫的检查方法：可用_____测量其对地绝缘阻值。

　5. 检查绝缘头盔有无_____，有无明显_____，下颚带是否完好、牢固。

　6. 搭铁电阻测试仪是测量_____的专用仪器。电位均衡是为防止因过大的电位差引起安全事故，故将等电位连接作为高压系统的基本防护。

　7. 绝缘测试仪是用于测量交流 / 直流电压、搭铁耦合电阻和_____的设备，其测量的阻值是表征电动汽车电气安全好坏的重要参数。 |

（续）

典型工作环节（一）：执行工作准备		2 课时

计划	1. 完成此工作环节需要哪些步骤？（小组内商讨） 2. 需要准备哪些设备与工具？（小组内商讨） 3. 完成此工作任务小组成员如何分工？（小组内商讨）

决策

1. 工作步骤填写

序号	工作步骤	具体事项	图示举例
①			
②			
③			
④			
⑤			

2. 小组成员分工

安全组长	操作员 1	操作员 2	记录员	资料员

实施

1. 执行场地防护

绝缘垫	警戒线	警示牌	灭火器
□已安置	□已安置	□已安置	□已安置

2. 执行人身防护

防护服	绝缘鞋	绝缘手套	安全头盔	护目镜
□已穿戴	□已穿戴	□已穿戴	□已佩戴	□已穿戴

3. 检查设备和工具

序号	设施设备名称	实际使用设备	数量	使用项目或用途	清点
①	吉利帝豪 EV450 整车		1 辆	实训车辆	□已清点
②	绝缘工具箱		1 个	调整或拆卸工具	□已清点
③	维修手册		1 本	查阅保养维修信息	□已清点

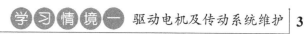
（续）

典型工作环节（一）：执行工作准备					2 课时

序号	设施设备名称	实际使用设备	数量	使用项目或用途	清点
④	故障诊断仪		1 个	读取数据流	□已清点
⑤	绝缘电阻表		1 个	测量绝缘阻值	□已清点
⑥	万用表		1 个	高压验电	□已清点
⑦	搭铁电阻测试仪		1 个	电位均衡检测	□已清点
⑧	车轮挡块		4 对	限制车辆移动	□已清点
⑨	绝缘防护套装		1 套	保证操作人员安全	□已清点
⑩	绝缘胶带		1 个	包裹低压电池负极	□已清点
⑪	警戒线、警示牌		1 套	安全提示	□已清点

4. 记录车辆信息

品牌	整车型号	生产日期

车辆识别码	工作电压	行驶里程

实施

5. 执行车辆防护

□外观检查　　　　　　□内饰检查　　　　　　□剩余电量

_____%

随车物品确认：□随车工具　□车辆备胎　□警示装置　□其他物品

检查结果：良好√　异常×

车外	车轮挡块	前格栅布	两侧翼子板布
	□已安置	□已安置	□已安置
车内	座椅防护套	转向盘与变速杆套	防护脚垫
	□已安置	□已安置	□已安置

检查 | 我已再次核对以上实施信息，确认无误。 | □Y □N

评价

自评：　　　　　　组评：　　　　　　师评：

（续）

典型工作环节（二）：检视系统部件	2 课时

<table>
<tr><td rowspan="2">资讯</td><td>

1. 请在下图中圈画出纯电动汽车驱动电机的位置。

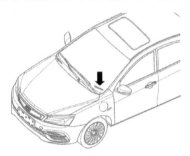

2. 纯电动汽车的动力总成布置主要有 4 种形式，即_____、_____、_____和_____。_____布置形式目前使用最广泛、优点最明显，适用于前驱车和后驱车。

3. 下图驱动电机类型代号中，TZ 是电机_____。

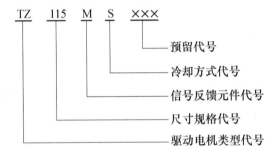

$$TZ \quad 115 \quad M \quad S \quad \times\times\times$$

　　　　　　　　　　　└─ 预留代号
　　　　　　　　　└─── 冷却方式代号
　　　　　　└────── 信号反馈元件代号
　　　└───────── 尺寸规格代号
└──────────── 驱动电机类型代号

4. 请写出下列编号的名称。
①_____；②_____；③_____；④_____。

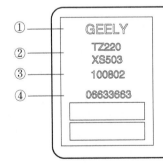

精进电动科技股份有限公司		
额定功率	42kW	额定电压	336V
额定转矩	105N·m	峰值功率	120kW
峰值转速	12000r/min	峰值转矩	250N·m
绝缘等级	H	冷却方式	水冷
相数	3相	重量	55kg
防护等级	IP67	工作制	S9

① GEELY ② TZ220 XS503 ③ 100802 ④ 06633663 出厂编号 永磁同步电机

5. 吉利帝豪 EV450 驱动电机的绝缘等级为_____级。

6. 驱动电机防护标志由字母_____和两个表示防护等级的_____组成。

</td></tr>
</table>

计划决策	1. 驱动电机外观及控制系统的检视主要有哪些内容？检视流程是什么？标准是什么？（小组内商讨） 2. 检视过程中有什么注意事项？（小组内商讨）

（续）

典型工作环节（二）：检视系统部件			2课时

	序号	工作步骤	具体事项	完成情况
实施	①	车辆标准下电	高压下电　　低压下电	□Y　□N
	②	安全举升车辆		□Y　□N
	③	检视驱动电机标签	产品型号：　　额定功率： 额定电压：　　峰值转速： 绝缘等级：　　冷却方式：	□Y　□N
	④	检查部件外观	检视驱动电机壳体线束及插接件	□Y　□N
			检视电机控制器壳体、线束及插接件	□Y　□N
			检视减速器壳体、线束及插接件	□Y　□N
	⑤	检视电机水冷循环系统	有无泄漏防冻液现象	□Y　□N
			系统管路有无老化、渗漏	□Y　□N
	⑥	清洁灰尘杂物		□Y　□N

检查	我已再次核对以上实施信息，确认无误。	□Y　□N

评价	自评：	组评：	师评：

典型工作环节（三）：检测系统部件	2课时

资讯

1. 请写出下列仪器的名称。

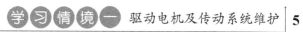

_____　　　　　_____

2. 搭铁电阻测试仪的使用方法：在采用_____进行测试时，需注意保证每只表笔的探针与测试点是否可靠接触，否则会导致测试结果不准。为提高测试准确性，测量点的选取应可靠，且尽可能接近被测部件，最远不超过_____m。

3. 使用绝缘电阻表前，需要进行测试，并确认电阻无穷大；然后将绝缘电阻表的_____进行测试，并确认电阻<1Ω；确认绝缘电阻表上"TEST"功能正常。

计划决策

1. 怎样检测驱动电机及传动系统部件状态？流程是什么？标准是什么？（小组内商讨）

2. 检测过程中有什么注意事项？（小组内商讨）

（续）

典型工作环节（三）：检测系统部件				2 课时

	序号	工作步骤	具体事项	完成情况
实施	①	检测驱动电机固定螺栓	检查驱动电机各固定部分螺栓固定状态，使用扭力扳手检查各固定螺栓固定力矩	□Y □N
	②	检测电机控制器固定螺栓	检查电机控制器各固定部分螺栓固定状态，使用扭力扳手检查各固定螺栓固定力矩	□Y □N
	③	检测减速器固定螺栓	检查减速器各固定部分螺栓固定状态，使用扭力扳手检查各固定螺栓固定力矩	□Y □N
	④	检测驱动电机搭铁电阻	校准万用表	□Y □N
			红色测量笔与黑色测量笔短接	□Y □N
			检查驱动电机搭铁线连接，若搭铁线连接正常，测量值：	□Y □N
	⑤	检测连接器绝缘电阻	拆卸电机控制器上盖8个螺栓	□Y □N
			拆卸驱动电机三相线束插接器（电机控制器侧）3个固定螺栓	□Y □N
			拆卸驱动电机三相线束端子（电机控制器侧）3个固定螺栓	□Y □N
			检查绝缘电阻表	□Y □N
			测量驱动电机三相交流电U、V、W端子	□Y □N
			比较测量值	□Y □N
检查	我已再次核对以上实施信息，确认无误。			□Y □N
评价	自评：		组评：	师评：

典型工作环节（四）：检修系统部件		1 课时

资讯	检视驱动电机及控制系统壳体、_____及插接件，若存在断裂、老化，则需要更换。
计划决策	经过检视与检查工作后，发现驱动电机线束有老化，请思考如何检修？（小组内商讨）

	序号	工作步骤	完成情况
实施	①	判断故障部位	□Y □N
	②	拆卸相关部件	□Y □N
	③	检测判断问题	□Y □N

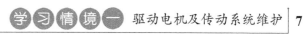

（续）

典型工作环节（四）：检修系统部件		1课时

实施	序号	工作步骤	完成情况
	④	维修更换部件	□ Y □ N
	⑤	复核检验部件	□ Y □ N

检查	我已再次核对以上实施信息，确认无误。	□ Y □ N

评价	自评：	组评：	师评：

典型工作环节（五）：复检验收车辆		1课时

资讯	1. 复核工作环节主要包括对执行工作准备、检视系统部件、_____、_____检修系统部件以上四个典型工作环节的核查。 2. 车辆下降前保证地面清洁，举升机下无异物，下降时需要_____名人员负责操作下降杆，至少_____名人员站立于举升机另一侧，做好现场安全工作。 3. 高压上电时，安装低压动力电池负极端子，再将车钥匙置于_____档，行车电脑显示屏显示_____，则上电完成。 4. 竣工检验包括检查_____、仪表状态、_____、_____等内容。 5. 整理清扫环节包括场地的清洁整理、_____、防护物品的整洁收纳等内容。

计划决策	1. 复检的内容有哪些？（小组内商讨） 2. 复检的标准是什么？（小组内商讨）

实施	序号	工作步骤	完成情况
	①	复核工作环节	□ Y □ N
	②	安全降落车辆	□ Y □ N
	③	车辆标准上电	□ Y □ N
	④	检查起动车辆	□ Y □ N
	⑤	整理清扫	□ Y □ N

检查	我已再次核对以上实施信息，确认无误。	□ Y □ N

评价	自评：	组评：	师评：

工作任务二 驱动电机冷却液更换

情境描述：一辆 2018 款的吉利帝豪 EV450 已行驶 2 万 km，需到店进行保养维护。你作为维修技师请对该车辆的驱动电机冷却液进行更换。

时长安排：8 课时（360min）。

典型工作环节（一）：执行工作准备	1 课时

资讯	1. 请写出下列物品名称。 2. 绝缘工具是采用绝缘材料进行加工并适用于电气系统拆装等操作的工具。作业前，需要对动力电池维修工具进行检查，保证其无破洞和裂纹、_____、干燥，不能_____进行操作，以确保安全。 3. 检查作业现场是否配备灭火器或其他灭火器材，以及灭火器和灭火器箱的型式、外观、结构部件、_____、规格、材料、制造商名称、_____与检验报告是否一致；检查作业环境是否符合防火要求。 4. 检查绝缘头盔有无_____，有无明显_____，下颚带是否完好、牢固。
计划	1. 完成此工作环节需要哪些步骤？（小组内商讨） 2. 需要准备哪些设备与工具？（小组内商讨） 3. 完成此工作任务小组成员如何分工？（小组内商讨）
决策	1. 工作步骤填写

序号	工作步骤	具体事项	图示举例
①			
②			

（续）

| 典型工作环节（一）：执行工作准备 | | 1 课时 |

	序号	工作步骤	具体事项	图示举例
决策	③			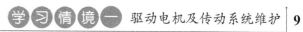
	④			
	⑤			

2. 小组成员分工

安全组长	操作员 1	操作员 2	记录员	资料员

1. 执行场地防护

绝缘垫	警戒线	警示牌	灭火器
□已安置	□已安置	□已安置	□已安置

2. 执行人身防护

防护服	绝缘鞋	绝缘手套	安全头盔	护目镜
□已穿戴	□已穿戴	□已穿戴	□已佩戴	□已穿戴

序号	设施设备名称	实际使用设备	数量	使用项目或用途	清点
①	吉利帝豪 EV450 整车		1 辆	实训车辆	□已清点
②	绝缘工具箱		1 个	调整或拆卸工具	□已清点
③	维修手册		1 本	查阅保养维修信息	□已清点
④	举升机		1 台	举升车辆	□已清点
⑤	万用表		1 个	高压验电	□已清点
⑥	故障诊断仪	—	1 个	读取数据流	□已清点
⑦	绝缘电阻表		1 个	测量绝缘阻值	□已清点
⑧	搭铁电阻测试仪		1 个	电位均衡检测	□已清点
⑨	车轮挡块		4 对	限制车辆移动	□已清点
⑩	警戒线、警示牌		1 套	安全提示	□已清点
⑪	绝缘防护套装		1 套	保证操作人员安全	□已清点
⑫	绝缘胶带		1 个	包裹低压电池负极	□已清点
⑬	手电筒		1 个	检查冷却液液面	□已清点

实施（左侧纵向标题）

（续）

典型工作环节（一）：执行工作准备	1 课时

<table>
<tr><td rowspan="3">实施</td><td colspan="3">3. 检查设备和工具
4. 记录车辆信息</td></tr>
</table>

实施

3. 检查设备和工具

4. 记录车辆信息

品牌	整车型号	生产日期

车辆识别码	工作电压	行驶里程

5. 执行车辆防护

□外观检查　　　　□内饰检查　　　　□剩余电量

_____%

随车物品确认：□随车工具　□车辆备胎　□警示装置　□其他物品

检查结果：良好√　异常 ×

车外	车轮挡块	前格栅布	两侧翼子板布
	□已安置	□已安置	□已安置
车内	座椅防护套	转向盘与变速杆套	防护脚垫
	□已安置	□已安置	□已安置

检查	我已再次核对以上实施信息，确认无误。	□Y　□N

评价	自评：	组评：	师评：

典型工作环节（二）：检视系统部件	1 课时

资讯

1. 请写出下列部件的名称。

①_____；

②_____；

③_____；

④_____；

⑤_____。

（续）

典型工作环节（二）：检视系统部件	1课时

<table>
<tr><td rowspan="2">资讯</td><td colspan="3">
2．冷却水泵是冷却液循环的动力元件，电动水泵的作用是对冷却液_____，促使冷却液在冷却系统中循环，以带走系统散发的热量。

3．散热器的作用是_____，加速冷却液的冷却，一般与冷却风扇配合工作。

4．冷却风扇分为轴流式和离心式。轴流式风扇所产生的风，其流向与风扇轴平行；离心式风扇所产生的风，其流向为径向。吸风式风扇效率高，风量大，结构简单，布置方便，因而在汽车上得到了广泛地应用。

5．膨胀罐也叫储液罐，它的作用是利用_____原理，使散热器中的冷却液液面始终保持在合适的位置，提高冷却效率。

6．为了防止汽车在冬季停车后，冷却液结冰而造成散热器、发动机缸体胀裂，要求冷却液的冰点应低于该地区最低温度_____左右，以备天气突变。
</td></tr>
</table>

计划决策	1．怎样检视驱动电机冷却系统部件状态？流程是什么？标准是什么？（小组内商讨） 2．检视过程中有什么注意事项？（小组内商讨）

实施	序号	工作步骤	具体事项	完成情况
	①	车辆标准下电	高压下电	□ Y □ N
			低压下电	□ Y □ N
	②	安全举升车辆		□ Y □ N
	③	检查部件外观	检视冷却液液位的位置	□ Y □ N
			检视冷却液是否泄漏	□ Y □ N
			检视冷却水泵是否有裂纹、剥层、断线、严重磨损	□ Y □ N
			检查水泵传动带松紧度	□ Y □ N
			检查散热器正面的芯子是否有污物堵塞、泥土覆盖	□ Y □ N
			检查散热器盖阀门及密封的状况	□ Y □ N
			检查散热器安装固定情况	□ Y □ N
			检查各冷却系统软管安装、连接情况	□ Y □ N
			冷却系统软管有无裂纹、损伤和泄漏	□ Y □ N
	④	清洁灰尘杂物	检视灰尘杂物，使用气枪抹布清洁	□ Y □ N

检查	我已再次核对以上实施信息，确认无误。	□ Y □ N

评价	自评：	组评：	师评：

（续）

典型工作环节（三）：检测系统部件	2 课时

<table>
<tr><td rowspan="1">资讯</td><td>
1.冷却液是一种由_____、添加剂、水组成的特种液。冷却液随着汽车使用时间的延长，乙二醇会逐渐被氧化衰变，防腐剂不断被消耗掉，颜色也会随之暗淡。当冷却液质量下降到一定程度后，冷却系统就会出现腐蚀或达不到防冻要求。

2.请补充下图部位名称。

①_____ ②_____ ③_____ ④_____ ⑤_____
</td></tr>
</table>

计划决策	1.怎样检测冷却液的冰点？方法是什么？标准是什么？（小组内商讨） 2.检测过程中有什么注意事项？（小组内商讨）

实施	序号	工作步骤	具体事项	完成情况
	①	取下并放置散热器盖		□ Y □ N
	②	检测冷却液冰点	测量值：	□ Y □ N
	③	安全举升车辆		□ Y □ N
	④	拆卸覆盖件		□ Y □ N

检查	我已再次核对以上实施信息，确认无误。	□ Y □ N

评价	自评：	组评：	师评：

典型工作环节（四）：检修系统部件	3.5 课时

资讯	1.进行冷却液排放时，应先拧开膨胀水箱的盖子，应将冷却液排尽，直至_____，然后使用_____堵住管口。 2.冷却液洒落到地面后，应_____。 3.部分车型的冷却液采用无压力自然排放时，排放不尽，这就需要根据不同的车型维修手册要求决定是否需要进行_____。 4.加注冷却液时，冷却液液位应加注到超过上刻线_____mm，并使用诊断仪进行至少_____次排气。 5.加注冷却液时，应随时检查加注量，及时检查液面情况，并进行口头报告，告知教师是否需要继续加压。

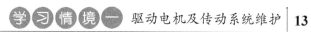

（续）

典型工作环节（四）：检修系统部件			3.5 课时

计划决策	1.冷却液从什么地方进行排放？（小组内商讨） 2.如何保证冷却液尽量不洒漏？（小组内商讨）		

	序号	工作步骤	具体事项	完成情况
实施	①	排放冷却液并收集	打开冷却液膨胀罐总成盖	□ Y □ N
			松开夹箍，拔出冷却液软管	□ Y □ N
			断开散热器出水管，用回收容器接收放出冷却液	□ Y □ N
	②	安全降落车辆		□ Y □ N
	③	车辆标准上电		□ Y □ N
	④	静态加注冷却液	连接散热器出水管	□ Y □ N
			管路检查：确保冷却管路连接完整	□ Y □ N
			车辆处于加注初始化状态	□ Y □ N
			拧开膨胀罐盖，缓慢加注冷却液，直至膨胀罐内冷却液量达到80%左右	□ Y □ N
	⑤	系统排气		□ Y □ N
	⑥	检查冷却液液位		□ Y □ N

检查	我已再次核对以上实施信息，确认无误。	□ Y □ N

评价	自评：	组评：	师评：

典型工作环节（五）：复检验收车辆		0.5 课时

资讯	1.集中回收处理冷却液，等待_____，不要将旧冷却液排入下水管道，保护环境_____。 2.车辆标准上电时，先是安装高压线束插接器，安装到位后将其锁止，再安装_____。

计划决策	1.复检的内容有哪些？（小组内商讨） 2.复检的标准是什么？（小组内商讨） 3.该任务与"驱动电机及传动系统外观检查"任务的复检验收有何差别？（小组内商讨）

（续）

典型工作环节（五）：复检验收车辆		0.5 课时
实施	序号 / 工作步骤 / 完成情况	

	序号	工作步骤	完成情况
实施	①	安全举升车辆	□ Y　□ N
	②	检查管路有无泄漏	□ Y　□ N
	③	安全降落车辆	□ Y　□ N
	④	竣工检验	□ Y　□ N
	⑤	整理清扫	□ Y　□ N
检查	我已再次核对以上实施信息，确认无误。		□ Y　□ N
评价	自评：　　　　　　　组评：		师评：

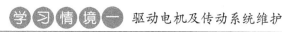

工作任务三 减速器齿轮油检查与更换

情境描述： 一辆 2018 款的吉利帝豪 EV450 已行驶 2 万 km，需到店进行保养维护。你作为维修技师请对该车辆的减速器齿轮油进行检查，必要时进行更换。

时长安排： 6 课时（270min）。

典型工作环节（一）：执行工作准备	0.5 课时

资讯	1. 绝缘工具是采用绝缘材料进行加工并适用于电气系统拆装等操作的工具。作业前，需要对动力电池维修工具进行检查，保证其无破洞和裂纹、_____、干燥，不能_____进行操作，以确保安全。 2. 检查作业现场是否配备灭火器或其他灭火器材，以及灭火器和灭火器箱的型式、外观、结构部件、_____、规格、材料、制造商名称、_____与检验报告是否一致；检查作业环境是否符合防火要求。 3. 检查绝缘头盔有无_____，有无明显_____，下颚带是否完好、牢固。
计划	1. 完成此工作环节需要哪些步骤？（小组内商讨） 2. 需要准备哪些设备与工具？（小组内商讨） 3. 完成此工作任务小组成员如何分工？（小组内商讨）

决策	1. 工作步骤填写

序号	工作步骤	具体事项	图示举例
①			
②			
③			
④			
⑤			

（续）

典型工作环节（一）：执行工作准备	0.5 课时

决策	2. 小组成员分工				
	安全组长	操作员 1	操作员 2	记录员	资料员

实施

1. 执行场地防护

绝缘垫	警戒线	警示牌	灭火器
□已安置	□已安置	□已安置	□已安置

2. 执行人身防护

防护服	绝缘鞋	绝缘手套	安全头盔	护目镜
□已穿戴	□已穿戴	□已穿戴	□已佩戴	□已穿戴

3. 检查设备和工具

序号	设施设备名称	实际使用设备	数量	使用项目或用途	清点
①	吉利帝豪 EV450 整车		1 辆	实训车辆	□已清点
②	绝缘工具箱		1 个	调整或拆卸工具	□已清点
③	维修手册		1 本	查阅保养维修信息	□已清点
④	举升机		1 台	举升车辆	□已清点
⑤	万用表		1 个	高压验电	□已清点
⑥	绝缘电阻表		1 个	测量绝缘阻值	□已清点
⑦	搭铁电阻测试仪		1 个	电位均衡检测	□已清点
⑧	车轮挡块		4 对	限制车辆移动	□已清点
⑨	警戒线、警示牌		1 套	安全提示	□已清点
⑩	绝缘防护套装		1 套	保证操作人员安全	□已清点
⑪	绝缘胶带		1 个	包裹低压电池负极	□已清点
⑫	油漏斗		1 个	收放出的减速器油	□已清点

4. 记录车辆信息

品牌	整车型号	生产日期
车辆识别码	工作电压	行驶里程

（续）

典型工作环节（一）：执行工作准备	0.5 课时

实施	5.执行车辆防护 □外观检查　　　　□内饰检查　　　　□剩余电量  _____% 随车物品确认：□随车工具　□车辆备胎　□警示装置　□其他物品 检查结果：良好√　异常× | 车外	车轮挡块	前格栅布	两侧翼子板布
	□已安置	□已安置	□已安置
车内	座椅防护套	转向盘与变速杆套	防护脚垫
	□已安置	□已安置	□已安置	

检查	我已再次核对以上实施信息，确认无误。	□Y　□N

评价	自评：　　　　　　组评：　　　　　　师评：

典型工作环节（二）：检视系统部件	0.5 课时

资讯	1.纯电动模式下，汽车的驱动系统不再需要多档位的变速器，通常采用_____或者_____，驱动系统结构得以大幅简化。 　2.减速器和差速器介于_____和_____之间，驱动电机的动力输出轴通过花键直接与减速器输入轴齿轮连接。 　3.减速器的功能：一方面减速器将驱动电机的动力传给驱动半轴，起到_____作用，另一方面差速器满足汽车转弯及在不平路面上行驶时，左右驱动轮以不同的转速旋转，保证_____。 　4.不能将使用过的齿轮油作为_____，或其他任何可能与皮肤直接接触的用途。

计划决策	1.怎样检视减速器齿轮油？流程是什么？标准是什么？（小组内商讨） 2.检视过程中有什么注意事项？（小组内商讨）

实施	序号	工作步骤	具体事项	完成情况
	①	车辆标准下电	高压下电 低压下电	□Y　□N
	②	安全举升车辆		□Y　□N
	③	查阅维修手册	需要选择符合车型规格和要求的油品	□Y　□N

（续）

典型工作环节（二）：检视系统部件		0.5 课时
检查	我已再次核对以上实施信息，确认无误。	□Y　□N
评价	自评：　　　　　　　组评：　　　　　　　师评：	

典型工作环节（三）：检测系统部件	1 课时

资讯	1. 根据电动汽车的驱动形式不同，可分为_____、_____、_____和_____。 2. 当电动汽车为前驱形式时，减速器位于前机舱下部，通过半轴驱动车辆的前轮行驶，这是目前_____的驱动布置形式。 3. 当电动汽车为_____形式时，减速器位于后驱动桥，用于后轮驱动车辆行驶。目前采用此类型驱动形式的电动汽车品牌和车型较少。 4. 当电动汽车为_____形式时，前后驱动桥都安装有减速器，将来自前后驱动电机的动力经过减速后输出给各驱动轮。 5. 传统的驱动系统将动力、传动和制动分开，而轮毂电机技术就是将动力系统、减速机构和制动装置都一起整合到_____内，省略了离合器、变速器、传动轴、差速器、分动器等部件，减速机构一般由行星齿轮组成。
计划决策	1. 怎样检测减速器油位、减速器外观和密封性、左右侧驱动轴护套外观及密封性和卡箍安装情况？方法是什么？标准是什么？（小组内商讨） 2. 检测过程中有什么注意事项？（小组内商讨）

实施	序号	工作步骤	具体事项	完成情况
	①	拆卸机舱底部护板总成	拆卸机舱底部左/右护板两侧固定螺钉及塑料卡扣	□Y　□N
			拆卸机舱底部左/右护板下固定螺钉及塑料卡扣，留下一个固定卡扣	□Y　□N
			用手支撑住机舱底部左/右护板，拆卸并拆除最后一个固定卡扣	□Y　□N
	②	检视减速器油位	减速器油面应该与加注孔下缘齐平	□Y　□N
			重新安装并紧固加注孔螺栓，力矩：	□Y　□N
	③	检视减速器外观、密封性	检查减速器外壳，有无裂纹、变形	□Y　□N
			检查减速器轴伸出端、箱体结合面、轴承靠近箱体内侧密封性	□Y　□N
			目测密封胶无缺失、密封垫无裂纹损坏，有无泄漏情况	□Y　□N

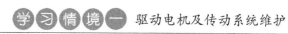

（续）

典型工作环节（三）：检测系统部件				1课时

	序号	工作步骤	具体事项	完成情况
实施	④	检视左右侧驱动轴护套外观及密封性	驱动轴外侧护套是否有裂纹、破损	□ Y　□ N
			护套卡箍是否安装在正确位置、有无损伤	□ Y　□ N
			左右驱动轴外侧护套是否有泄漏	□ Y　□ N
			检查驱动轴外侧护套润滑脂是否渗漏	□ Y　□ N
	⑤	检视卡箍安装情况	检查保护套卡箍是否安装在正确的位置	□ Y　□ N
			检查保护套卡箍是否有损伤、变形	□ Y　□ N

检查	我已再次核对以上实施信息，确认无误。	□ Y　□ N

评价	自评：	组评：	师评：

典型工作环节（四）：检修系统部件		3.5课时

资讯	1. 采用_____是减小摩擦最直接有效的方法，润滑油所起的主要作用是降低摩擦阻力、减少磨损，以尽可能地延长机械零件的使用寿命。 2. 常见的润滑方式有_____和_____，也可同时应用两种润滑方式。 3. 电动汽车的减速器多用_____油封结构，其成本较低，但容易漏油。 4. 黏度是齿轮油的一个较为重要的理化指标，齿轮的_____是选择黏度的主要指标。 5. 齿轮油是一种黏度比较高的润滑油，它是专门保护传输动力零件的，具有一种非常强烈的硫磺刺激性气味。齿轮油的分类方法是根据_____和_____两种因素进行的。 6. 一般来说，减速器齿轮油的更换周期为_____年。如果使用环境比较恶劣或者使用条件较为苛刻，更换周期可以适当缩短。另外，如果检查齿轮油时发现其已经变质或者污染严重，也需要及时更换。

计划决策	1. 怎样排放与加注减速器油液？流程是什么？标准是什么？（小组内商讨） 2. 排放与加注过程中有什么注意事项？（小组内商讨）

	序号	工作步骤	具体事项	完成情况
实施	①	排放减速器油液	举升车辆	□ Y　□ N
			拆卸机舱底部护板总成	□ Y　□ N
			利用套筒扳手拆卸减速器加油螺栓1	□ Y　□ N
			拆卸减速器放油螺栓2	□ Y　□ N
			用回收容器接收放出的减速器油	□ Y　□ N

（续）

典型工作环节（四）：检修系统部件				3.5 课时

实施	序号	工作步骤	具体事项	完成情况
	②	加注减速器油液	安装减速器放油螺栓 2	□ Y □ N
			加注孔塞添加专用的减速器油	□ Y □ N
			重新安装并紧固加注孔螺栓 1 和螺栓 2	□ Y □ N
	③	安装机舱底部护板总成		□ Y □ N
	④	安全降落车辆		□ Y □ N
	⑤	车辆标准上电		□ Y □ N

检查	我已再次核对以上实施信息，确认无误。	□ Y □ N

评价	自评：	组评：	师评：

典型工作环节（五）：复检验收车辆		0.5 课时

资讯	1. 车辆下降前保证地面清洁，举升机下无异物，下降时需要_____名人员负责操作下降杆，至少_____名人员站立于举升机另一侧，做好现场安全工作。 2. 检查起动车辆主要为了达到工作任务执行完毕后，检查车辆是否能够_____的目的。

计划决策	1. 复检的内容有哪些？（小组内商讨） 2. 复检的标准是什么？（小组内商讨）

实施	序号	工作步骤	完成情况
	①	复核工作环节	□ Y □ N
	②	安全降落车辆	□ Y □ N
	③	车辆标准上电	□ Y □ N
	④	检查起动车辆	□ Y □ N
	⑤	整理清扫	□ Y □ N

检查	我已再次核对以上实施信息，确认无误。	□ Y □ N

评价	自评：	组评：	师评：

工作任务一　电机控制器的拆装

情境描述：一辆 2018 款的吉利帝豪 EV450 已行驶 2 万 km，需到店进行维护保养。由于驱动电机及传动系统一般由驱动电机、驱动电机控制器、减速器等部件组成，所以电机各部件定期检查是一项重要工作，直接影响整车安全性。你作为维修技师请完成此项任务，并将实训工单填写完毕。

时长安排：6 课时（270min）。

典型工作环节（一）：执行工作准备	0.5 课时

资讯	1. 请写出下列物品名称。 ──────────────　　────────────── 2. 绝缘工具是采用绝缘材料进行加工并适用于电气系统拆装等操作的工具。作业前，需要对绝缘维修工具进行检查，保证其无破洞和裂纹、_____、干燥，不能_____进行操作，以确保安全。 3. 检查绝缘头盔有无_____，有无明显_____，下颚带是否完好、牢固。
计划	1. 完成此工作环节需要哪些步骤？（小组内商讨） 2. 需要准备哪些设备与工具？（小组内商讨） 3. 完成此工作任务小组成员如何分工？（小组内商讨）
决策	1. 工作步骤填写

序号	工作步骤	具体事项	图示举例
①			

（续）

典型工作环节（一）：执行工作准备				0.5 课时

<table>
<tr><td rowspan="5">决策</td><td>序号</td><td>工作步骤</td><td colspan="2">具体事项</td><td>图示举例</td></tr>
<tr><td>②</td><td></td><td colspan="2"></td><td></td></tr>
<tr><td>③</td><td></td><td colspan="2"></td><td></td></tr>
<tr><td>④</td><td></td><td colspan="2"></td><td></td></tr>
<tr><td>⑤</td><td></td><td colspan="2"></td><td></td></tr>
</table>

2. 小组成员分工

安全组长	操作员 1	操作员 2	记录员	资料员

1. 执行场地防护

绝缘垫	警戒线	警示牌	灭火器
□已安置	□已安置	□已安置	□已安置

2. 执行人身防护

防护服	绝缘鞋	绝缘手套	安全头盔	护目镜
□已穿戴	□已穿戴	□已穿戴	□已佩戴	□已穿戴

3. 检查设备和工具

序号	设施设备名称	实际使用设备	数量	使用项目或用途	清点
①	吉利帝豪 EV450 整车		1 辆	实训车辆	□已清点
②	绝缘工具箱		1 个	调整或拆卸工具	□已清点
③	维修手册		1 本	查阅保养维修信息	□已清点
④	故障诊断仪		1 个	读取数据流	□已清点
⑤	绝缘电阻表		1 个	测量绝缘阻值	□已清点
⑥	万用表		1 个	高压验电	□已清点
⑦	车轮挡块		4 对	限制车辆移动	□已清点

（实施）

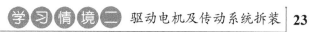
（续）

典型工作环节（一）：执行工作准备					0.5 课时

<table>
<tr><td rowspan="20">实施</td><td colspan="6">

序号	设施设备名称	实际使用设备	数量	使用项目或用途	清点
⑧	绝缘防护套装		1 套	保证操作人员安全	□已清点
⑨	绝缘胶带		1 个	包裹低压电池负极	□已清点
⑩	手电筒		1 个	检查冷却液液面	□已清点
⑪	举升机		1 台	举升车辆	□已清点

</td></tr>
</table>

实施

4. 记录车辆信息

品牌	整车型号	生产日期
车辆识别码	**工作电压**	**行驶里程**

5. 执行车辆防护

□外观检查　　　　　□内饰检查　　　　　□剩余电量

_____%

随车物品确认：□随车工具　□车辆备胎　□警示装置　□其他物品

检查结果：良好√　异常×

车外	车轮挡块	前格栅布	两侧翼子板布
	□已安置	□已安置	□已安置
车内	座椅防护套	转向盘与变速杆套	防护脚垫
	□已安置	□已安置	□已安置

检查	我已再次核对以上实施信息，确认无误。	□Y □N

评价	自评：	组评：	师评：

典型工作环节（二）：检视系统部件		0.5 课时

资讯	1. 利用维修手册查阅吉利帝豪 EV450 驱动电机和电机控制器的安装位置，其中①为_____，②为_____。

（续）

典型工作环节（二）：检视系统部件	0.5 课时

资讯	 2.检视三相线固定螺栓的紧固力矩（电机控制器侧）是否符合标准，标准值为_____。
计划决策	1.怎样检视驱动电机三相线束紧固力矩？流程是什么？标准是什么？（小组内商讨） 2.如何检视电机控制器的固定螺栓？（小组内商讨）

	序号	工作步骤	具体事项	完成情况
实施	①	车辆标准下电	高压下电	□Y　□N
			低压下电	□Y　□N
	②	检查驱动电机三相线束紧固力矩	检视驱动电机三相线束外观	□Y　□N
			检视三相线固定螺栓的紧固力矩（电机控制器侧）是否符合标准	□Y　□N
			检查三相线固定螺栓的紧固力矩（电机侧）是否符合标准	□Y　□N
	③	检视电机控制器固定螺栓	检查驱动电机检测螺栓上的漆标，若漆标位置有移动则对螺栓进行紧固	□Y　□N
	④	清洁灰尘杂物	检视灰尘杂物，使用气枪、抹布清洁	□Y　□N

检查	我已再次核对以上实施信息，确认无误。	□Y　□N

评价	自评：	组评：	师评：

典型工作环节（三）：检测系统部件	1.5 课时

资讯	1.电机控制器是电机驱动系统的控制中心，又称_____，它接收整车控制模块（VCU）的指令对驱动电机进行控制，将动力电池提供的直流电转化为交流电，然后输出给驱动电机，以实现汽车加速、减速、倒车。除此之外，还有其他如下功能：_____、_____、_____。 2.用绝缘电阻表检测电机控制器绝缘电阻，其标准电阻：大于或等于_____Ω。

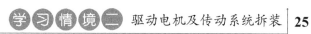

（续）

典型工作环节（三）：检测系统部件	1.5 课时

资讯	3.用绝缘电阻表检测驱动电机三相线绝缘电阻，其标准电阻：小于_____ Ω。
计划决策	1.怎样检测电机控制器绝缘电阻是否正常？方法是什么？标准是什么？（小组内商讨） 2.检测过程中有什么注意事项？（小组内商讨）

实施	序号	工作步骤	具体事项	完成情况
	①	检测电机控制器绝缘电阻	数值：	□Y □N
	②	检测驱动电机三相线绝缘电阻	数值：	□Y □N
	③	检测驱动电机控制器搭铁电阻	分别测量电机控制器线束插接器 BV11 端子 1、端子 11 和车身搭铁之间的电阻，数值分别为：	□Y □N

检查	我已再次核对以上实施信息，确认无误。	□Y □N

评价	自评：	组评：	师评：

典型工作环节（四）：检修系统部件	3 课时

资讯	1.拆卸电机控制器的流程：拆卸电机控制器上盖—拆卸驱动电机_____—取下电机控制器搭铁防尘盖—拆卸电机控制器进、出_____—拆卸电机控制器固定螺栓。 2.吉利帝豪 EV450 纯电动汽车的电机控制器，它由_____、_____、_____、_____以及冷却管口组成。 3.安装电机控制器的流程：连接电机控制器进、出水管—使用_____ N·m 的力矩紧固 4 个电机控制器固定螺栓—连接电机控制器线束插头—连接 2 根搭铁线—连接三相线束—安装电机控制器。
计划决策	1.电机控制器的拆卸流程是什么？（小组内商讨） 2.如何保证正确的拆装方式？（小组内商讨）

实施	序号	工作步骤		完成情况
	①	拆卸电机控制器	拆卸电机控制器上盖	□Y □N
			拆卸驱动电机线束	□Y □N
			拆卸电机控制器搭铁防尘盖	□Y □N
			拆卸电机控制器进、出水管	□Y □N
			拆卸固定螺栓	□Y □N

（续）

	序号		工作步骤	完成情况
实施	②	安装电机控制器	连接电机控制器进、出水管	☐ Y　☐ N
			用22N·m的力紧固电机控制器4个固定螺栓	☐ Y　☐ N
			连接水管和搭铁线	☐ Y　☐ N
			连接电机控制器线束插头	☐ Y　☐ N
			连接三相线束	☐ Y　☐ N
			安装电机控制器上盖	☐ Y　☐ N
检查	我已再次核对以上实施信息，确认无误。			☐ Y　☐ N
评价	自评：		组评：	师评：

典型工作环节（四）：检修系统部件　　　3 课时

典型工作环节（五）：复检验收车辆　　　0.5 课时

资讯	1. 观察吉利帝豪 EV450 车辆仪表盘系统故障指示灯是否_____。 2. 车辆下降前保证地面清洁，举升机下无异物，下降时需要_____名人员负责操作下降杆，至少_____名人员站立于举升机另一侧，做好现场安全工作。 3. 选择吉利帝豪 EV450，进入系统选择界面，选择自动空调系统，单击_____，选择热管理系统冷却液加注过程，选择步骤一加注初始化，车辆处于_____状态。
计划决策	1. 复检的内容有哪些？（小组内商讨） 2. 复检的标准是什么？（小组内商讨）

	序号	工作步骤	完成情况
实施	①	复核工作环节	☐ Y　☐ N
	②	车辆标准上电	☐ Y　☐ N
	③	检查起动车辆	☐ Y　☐ N
	④	整理清扫	☐ Y　☐ N
检查	我已再次核对以上实施信息，确认无误。		☐ Y　☐ N
评价	自评：　　　　　组评：　　　　　师评：		

工作任务二 驱动电机的拆装

情境描述： 一辆 2018 款的吉利帝豪 EV450 已行驶 2 万 km，到店进行维护保养。由于驱动电机及传动系统一般由驱动电机、驱动电机控制器、减速器等部件组成，所以电机各部件的检查是一项重要工作，直接影响整车安全性。你作为维修技师，请完成此项任务，并将实训工单填写完毕。

时长安排： 7 课时（315min）。

典型工作环节（一）：执行工作准备		0.5 课时

资讯	1. 请写出下列物品名称。  _____ 2. 检查绝缘垫有无破损、磨损等现象。绝缘垫的检查方法：可用_____测量其对地绝缘阻值。 3. 绝缘电阻表是用于测量交流/直流电压、搭铁耦合电阻和_____的设备，其测量的阻值是表征电动汽车电气安全好坏的重要参数。

计划	1. 完成此工作环节需要哪些步骤？（小组内商讨） 2. 需要准备哪些设备与工具？（小组内商讨） 3. 完成此工作任务小组成员如何分工？（小组内商讨）

决策

1. 工作步骤填写

序号	工作步骤	具体事项	图示举例
①			
②			
③			

（续）

典型工作环节（一）：执行工作准备				0.5 课时

<table>
<tr><td rowspan="3">决策</td><td colspan="4">

序号	工作步骤	具体事项	图示举例
④			
⑤			

</td></tr>
</table>

决策	序号	工作步骤	具体事项	图示举例
	④			
	⑤			

2. 小组成员分工

安全组长	操作员 1	操作员 2	记录员	资料员

1. 执行场地防护

绝缘垫	警戒线	警示牌	灭火器
□已安置	□已安置	□已安置	□已安置

2. 执行人身防护

防护服	绝缘鞋	绝缘手套	安全头盔	护目镜
□已穿戴	□已穿戴	□已穿戴	□已佩戴	□已穿戴

3. 检查设备和工具

序号	设施设备名称	实际使用设备	数量	使用项目或用途	清点
①	吉利帝豪 EV450 整车		1 辆	实训车辆	□已清点
②	绝缘工具箱		1 个	调整或拆卸工具	□已清点
③	维修手册		1 本	查阅保养维修信息	□已清点
④	绝缘电阻表		1 个	测量绝缘阻值	□已清点
⑤	万用表		1 个	高压验电	□已清点
⑥	随车充电器		1 个	车载充电	□已清点
⑦	车轮挡块		4 对	限制车辆移动	□已清点
⑧	绝缘防护套装		1 套	保证操作人员安全	□已清点
⑨	绝缘胶带		1 个	包裹低压电池负极	□已清点
⑩	举升机		1 台	举升车辆	□已清点

4. 记录车辆信息

品牌	整车型号	生产日期

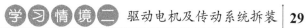
（续）

典型工作环节（一）：执行工作准备		0.5 课时

<table>
<tr><td rowspan="14">实施</td><td colspan="3">
车辆识别码	工作电压	行驶里程

5. 执行车辆防护

□外观检查　　　　　　□内饰检查　　　　　　□剩余电量

_____%

随车物品确认：□随车工具　□车辆备胎　□警示装置　□其他物品

检查结果：良好√　异常 ×

车外	车轮挡块	前格栅布	两侧翼子板布
	□已安置	□已安置	□已安置
车内	座椅防护套	转向盘与变速杆套	防护脚垫
	□已安置	□已安置	□已安置
</td></tr>
</table>

检查	我已再次核对以上实施信息，确认无误。	□ Y　□ N
评价	自评：　　　　　　　组评：　　　　　　　师评：	

典型工作环节（二）：检视系统部件		1 课时

资讯

1. 请写出驱动电机组成部件的名称。

转向器

电极

2. 根据驱动原理，电动汽车的驱动电机可分为传统的直流电机、_____、_____ 和_____。

（续）

典型工作环节（二）：检视系统部件	1 课时

资讯	3.电动汽车驱动电机性能要求有较大的和较大范围的_____；能够承受_____倍的过载；高电压、高转速、重量轻、体积小；有良好的可靠性，耐高温和耐潮湿，运行时噪声低；驱动电机要结构简单、使用维修方便，适合批量生产。
计划决策	1.怎样检视驱动电机组成部件使用情况？流程是什么？标准是什么？（小组内商讨） 2.检视过程中有什么注意事项？（小组内商讨）

	序号	工作步骤	具体事项	完成情况
实施	①	车辆标准下电	高压下电	□ Y □ N
			低压下电	□ Y □ N
	②	检视驱动电机固定螺栓	检视驱动电机冷却液液面高度是否正常	□ Y □ N
	③	检视驱动电机线束及插接件	检视驱动电机低压线束连接是否正常，线束是否破损与老化	□ Y □ N
			检视驱动电机高压线束连接是否正常	□ Y □ N
			检视驱动电机的高低压插接件	□ Y □ N
	④	清洁灰尘杂物	检视灰尘杂物，使用气枪抹布清洁	□ Y □ N

检查	我已再次核对以上实施信息，确认无误。	□ Y □ N
评价	自评：	组评：	师评：

典型工作环节（三）：检测系统部件	1.5 课时

资讯	1.请写出下列仪器的名称。 _____ _____ 2.使用绝缘电阻表前，需要进行_____检测，并确认电阻无穷大；然后用万用表进行_____检测，并确认电阻＜1Ω；确认绝缘电阻表上"TEST"功能正常。 3.检查驱动电机搭铁线部位的搭铁电阻，应不大于_____Ω。 4.检查驱动电机定子绕组，需要判断三相定子绕组之间有无_____，使用万用表测量驱动电机的定子绕组 U 和 V 之间、_____之间、_____之间的电阻值是否正常。

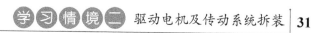

（续）

典型工作环节（三）：检测系统部件			1.5 课时	
计划决策	1. 怎样检测驱动电机组成部件使用情况？流程是什么？标准是什么？（小组内商讨） 2. 检测过程中有什么注意事项？（小组内商讨）			

实施	序号	工作步骤	完成情况	
	①	高低压断电	□Y □N	
	②	检测搭铁线搭铁电阻	□Y □N	
	③	检查驱动电机定子绕组	□Y □N	

检查	我已再次核对以上实施信息，确认无误。	□Y □N

评价	自评：	组评：	师评：

典型工作环节（四）：检修系统部件		3.5 课时

资讯	1. 驱动电机壳体由四个功能区组成：一是安装电机内壳、定子和转子区；二是_____、三是_____、四是_____。 2. 永磁同步电机由_____驱动，以_____为媒介进行动能和电能相互转换，吉利帝豪 EV450 的电机控制器安装在_____，采用 CAN 通信控制，车辆行驶时将电能转换为机械能，车辆制动或滑行阶段时，驱动电机作为发电机，它可以把车轮旋转的动能转换为_____，给动力电池充电。

计划决策	1. 驱动电机的拆卸流程是什么？（小组内商讨） 2. 如何保证正确的拆装方式？（小组内商讨）

实施	序号		工作步骤	完成情况	
			打开前机舱盖	□Y □N	
			断开蓄电池负极电缆	□Y □N	
			断开车载充电器处直流母线	□Y □N	
			操作空调制冷剂的回收程序	□Y □N	
实施	①	拆卸驱动电机	拆卸左、右前轮轮胎	□Y □N	
			拆卸机舱底部护板总成	□Y □N	
			拆卸车载充电器	□Y □N	
			拆卸电机控制器	□Y □N	
			拆卸制冷空调管	□Y □N	
			拆卸驱动轴	□Y □N	

（续）

典型工作环节（四）：检修系统部件			3.5 课时

	序号	工作步骤		完成情况
实施	①	拆卸驱动电机	拆卸压缩机	☐ Y ☐ N
			拆卸电动真空泵	☐ Y ☐ N
			拆卸冷却水泵	☐ Y ☐ N
			拆卸驱动电机	☐ Y ☐ N
	②	安装驱动电机	安装驱动电机	☐ Y ☐ N
			安装冷却水泵	☐ Y ☐ N
			安装制动真空泵	☐ Y ☐ N
			安装压缩机	☐ Y ☐ N
			安装制冷空调管	☐ Y ☐ N
			安装电机控制器	☐ Y ☐ N
			安装机舱底部护板	☐ Y ☐ N
			安装左、右前轮轮胎	☐ Y ☐ N
			连接车载充电器处直流母线	☐ Y ☐ N
			加注冷却液	☐ Y ☐ N
			连接蓄电池负极电缆	☐ Y ☐ N
			操作空调制冷剂的加注程序	☐ Y ☐ N
			关闭前机舱盖	☐ Y ☐ N
检查	我已再次核对以上实施信息，确认无误。			☐ Y ☐ N
评价	自评：	组评：		师评：

典型工作环节（五）：复检验收车辆		0.5 课时

资讯	1. 复核工作环节主要包括对执行工作准备、检视系统部件、_____、检修系统部件以上四个典型工作环节的核查。 2. 高压上电时，连接充电机_____端插件，插头垂直对准插座轻按，然后使把手卡口卡到位或听到轻微"咔嚓"声；连接蓄电池负极电缆并紧固。 3. 检查起动车辆主要为了达到工作任务执行完毕后，检查车辆是否能够_____的目的。 4. 进行整理清扫工作包括清洁校准存放操作、执行防护物品存放操作、_____工位清扫工作。

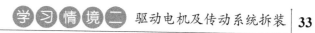

（续）

典型工作环节（五）：复检验收车辆	0.5 课时

计划决策	1. 复检的内容有哪些?（小组内商讨） 2. 复检的标准是什么?（小组内商讨）	

	序号	工作步骤	完成情况
实施	①	复核工作环节	□ Y □ N
	②	车辆标准上电	□ Y □ N
	③	检查起动车辆	□ Y □ N
	④	整理清扫	□ Y □ N

检查	我已再次核对以上实施信息，确认无误。	□ Y □ N

评价	自评：	组评：	师评：

工作任务三　减速器的拆装

情境描述：一辆 2018 款的吉利帝豪 EV450 已行驶 2 万 km，某天车主发现自己的纯电动汽车减速器存在故障，无法使用，需到店进行维修。由于电动汽车减速器是重大安全保障，所以减速器的故障诊断是一项重要工作，直接影响整车安全性。请你作为维修技师完成此项任务，并将实训工单填写完整。

时长安排：6 课时（270min）。

典型工作环节（一）：执行工作准备	0.5 课时

资讯	1. 请写出下列物品名称。 _____　　　　_____ 2. 检查绝缘垫有无破损、磨损等现象。绝缘垫的检查方法：可用测量_____其对地绝缘阻值。 3. 检查绝缘头盔有无_____，有无明显_____，下颚带是否完好、牢固。
计划	1. 完成此工作环节需要哪些步骤？（小组内商讨） 2. 需要准备哪些设备与工具？（小组内商讨） 3. 完成此工作任务小组成员如何分工？（小组内商讨）

决策

1. 工作步骤填写

序号	工作步骤	具体事项	图示举例
①			
②			
③			
④			

（续）

典型工作环节（一）：执行工作准备			0.5 课时

<table>
<tr><td rowspan="4">决策</td><td colspan="4">

序号	工作步骤	具体事项	图示举例
⑤			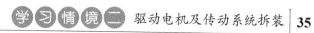

</td></tr>
</table>

决策

序号	工作步骤	具体事项	图示举例
⑤			

2. 小组成员分工

安全组长	操作员1	操作员2	记录员	资料员

实施

1. 执行场地防护

绝缘垫	警戒线	警示牌	灭火器
□已安置	□已安置	□已安置	□已安置

2. 执行人身防护

防护服	绝缘鞋	绝缘手套	安全头盔	护目镜
□已穿戴	□已穿戴	□已穿戴	□已佩戴	□已穿戴

3. 检查设备和工具

序号	设施设备名称	实际使用设备	数量	使用项目或用途	清点
①	吉利帝豪 EV450 整车		1辆	实训车辆	□已清点
②	绝缘工具箱		1个	调整或拆卸工具	□已清点
③	维修手册		1本	查阅保养维修信息	□已清点
④	故障诊断仪		1个	读取数据流	□已清点
⑤	绝缘电阻表		1个	测量绝缘阻值	□已清点
⑥	万用表		1个	高压验电	□已清点
⑦	举升机		1台	举升车辆	□已清点
⑧	车轮挡块		4对	限制车辆移动	□已清点
⑨	绝缘防护套装		1套	保证操作人员安全	□已清点
⑩	绝缘胶带		1个	包裹低压电池负极	□已清点
⑪	电机拆装台		1台	拆装减速器	□已清点

4. 记录车辆信息

品牌	整车型号	生产日期

（续）

典型工作环节（一）：执行工作准备		0.5 课时

实施	车辆识别码	工作电压	行驶里程

5.执行车辆防护

□外观检查　　　　□内饰检查　　　　□剩余电量

_____%

随车物品确认：□随车工具　□车辆备胎　□警示装置　□其他物品

检查结果：良好√　异常×

车外	车轮挡块	前格栅布	两侧翼子板布
	□已安置	□已安置	□已安置
车内	座椅防护套	转向盘与变速杆套	防护脚垫
	□已安置	□已安置	□已安置

检查	我已再次核对以上实施信息，确认无误。	□Y　□N

评价	自评：　　　　　　组评：　　　　　　师评：

典型工作环节（二）：检视系统部件	0.5 课时

资讯	1.减速器主要由减速器壳体、_____、_____、_____、减速器控制器等主要部分组成。 2.减速器表面应_____、平整、喷漆均匀，不得有_____、缩孔、疏松、裂纹等缺陷，是否贴有铭牌标识，铭牌印刷是否正确。

计划决策	1.怎样检视减速器组成部件使用情况？流程是什么？标准是什么？（小组内商讨） 2.检视过程中有什么注意事项？（小组内商讨）

实施	序号	工作步骤	完成情况
	①	检视减速器外观标识是否模糊、破损	□Y　□N
	②	检视减速器壳体是否有外观划痕、破损	□Y　□N
	③	检视减速器是否漏油	□Y　□N

（续）

典型工作环节（二）：检视系统部件		0.5 课时
检查	我已再次核对以上实施信息，确认无误。	□Y □N
评价	自评： 组评：	师评：

典型工作环节（三）：检测系统部件		1 课时

资讯	1. 车变速杆置于_____时，驻车锁止机构将减速器齿轮在旋转方向上与变速器壳体固定，防止汽车停车状态_____。 2. 将车辆水平放置，并让减速器内部的油_____，拆卸加注孔螺栓并检查油位，减速器油面与加注孔下缘_____，重新安装并紧固加注_____。
计划决策	1. 怎样检测减速器油位？方法是什么？标准是什么？（小组内商讨） 2. 检测过程中有什么注意事项？（小组内商讨）

实施	序号	工作步骤	完成情况
	①	减速器油位检查	□Y □N

检查	我已再次核对以上实施信息，确认无误。	□Y □N
评价	自评： 组评：	师评：

典型工作环节（四）：检修系统部件		3.5 课时

资讯	1. 吉利帝豪 EV450 纯电动汽车的减速机构，由输入轴、_____、_____、中间轴齿轮（输入齿轮）、_____、_____组成。 2. 试着描述减速器拆卸流程。 3. 试着描述减速器安装流程。
计划决策	1. 减速器的拆卸流程是什么？（小组内商讨） 2. 如何保证正确的拆装方式？（小组内商讨）

实施	序号	工作步骤	具体事项	完成情况
	①	拆卸减速器	拆卸减速器总成	□Y □N
			拆卸减速机构	□Y □N
			拆卸差速器半轴	□Y □N
			拆卸右侧差速器半轴	□Y □N

（续）

典型工作环节（四）：检修系统部件				3.5 课时
	序号	工作步骤	具体事项	完成情况
实施	①	拆卸减速器	拆卸减速器内侧固定螺栓	☐ Y ☐ N
			取出磁铁	☐ Y ☐ N
			拆卸减速器齿轮轴	☐ Y ☐ N
			拆卸中间轴	☐ Y ☐ N
			拆卸输入轴密封圈	☐ Y ☐ N
	②	安装减速器	安装半轴油封、输入轴油封	☐ Y ☐ N
			将输入轴齿轮安装至前箱体内	☐ Y ☐ N
			将中间轴齿轮安装至前箱体内	☐ Y ☐ N
			将差速器齿轮轴安装至前箱体内，检查各齿轮是否啮合到位	☐ Y ☐ N
			在箱体结合面均匀涂抹密封胶	☐ Y ☐ N
			将磁铁安装至后箱体	☐ Y ☐ N
			将减速器前后箱体合在一起	☐ Y ☐ N
			安装减速器内侧固定螺栓	☐ Y ☐ N
			将左侧差速器半轴安装至差速器上	☐ Y ☐ N
			安装左侧挡圈及密封圈	☐ Y ☐ N
			安装输入轴密封圈	☐ Y ☐ N
			安装减速器总成到车辆上	☐ Y ☐ N
检查	我已再次核对以上实施信息，确认无误。			☐ Y ☐ N
评价	自评：	组评：		师评：

典型工作环节（五）：复检验收车辆	0.5 课时
资讯	1. 工作任务完成后，应检查整车上电状态、仪表状态并记录，读取_____，查看充电系统数据流是否正常。 2. 打开充电口盖，连接充电枪，检查充电指示灯，指示灯颜色为_____则正常充电。
计划决策	1. 复检的内容有哪些？（小组内商讨） 2. 复检的标准是什么？（小组内商讨） 3. 该任务与"充电系统外观检修"任务的复检验收有何差别？（小组内商讨）

（续）

典型工作环节（五）：复检验收车辆			0.5 课时
实施	序号	工作步骤	完成情况
	①	复核工作环节	□ Y　□ N
	②	车辆标准上电	□ Y　□ N
	③	连接诊断仪，读取车辆故障码、数据流	□ Y　□ N
	④	打开充电口盖，连接充电枪，检查充电指示灯	□ Y　□ N
	⑤	整理清扫	□ Y　□ N
检查	我已再次核对以上实施信息，确认无误。		□ Y　□ N
评价	自评：	组评：	师评：

工作任务一　驱动电机三相线束故障检修

情境描述： 一辆 2018 款的吉利帝豪 EV450 汽车到店进行保养维护，车主表示汽车通电后驱动电机不转，发出"嗡嗡"声，且车身抖动，无法行驶。你作为维修技师，请利用故障诊断仪器对该车辆进行故障诊断与检修。

时长安排： 5 课时（225min）。

典型工作环节（一）：执行工作准备			0.5 课时

资讯	1. 实训开始前应做好_____防护、_____防护、_____设备和工具准备、记录车辆信息、_____和_____防护。 2. 进入车内操作前，应先铺好_____。 3. 进行前机舱操作之前，应先铺设_____。 4. 在拔下高压线束之前需要先将点火开关转到_____档，并断开辅助蓄电池。			
计划	1. 完成此工作环节需要哪些步骤?（小组内商讨） 2. 需要准备哪些设备与工具?（小组内商讨） 3. 完成此工作任务小组成员如何分工?（小组内商讨）			

决策

1. 工作步骤填写

序号	工作步骤	具体事项	图示举例
①			
②			
③			
④			

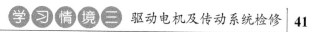

（续）

典型工作环节（一）：执行工作准备			0.5 课时

<table>
<tr><td rowspan="2">决策</td><td colspan="4">

序号	工作步骤	具体事项	图示举例
⑤			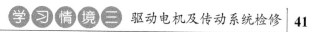

2. 小组成员分工

安全组长	操作员1	操作员2	记录员	资料员

</td></tr>
</table>

实施

1. 执行场地防护

绝缘垫	警戒线	警示牌	灭火器
□已安置	□已安置	□已安置	□已安置

2. 执行人身防护

防护服	绝缘鞋	绝缘手套	安全头盔	护目镜
□已穿戴	□已穿戴	□已穿戴	□已佩戴	□已穿戴

3. 检查设备和工具

序号	设施设备名称	实际使用设备	数量	使用项目或用途	清点
①	吉利帝豪EV450整车		1辆	实训车辆	□已清点
②	绝缘工具箱		1个	调整或拆卸工具	□已清点
③	维修手册		1本	查阅保养维修信息	□已清点
④	举升机		1台	举升车辆	□已清点
⑤	万用表		1个	高压验电	□已清点
⑥	故障诊断仪		1个	读取数据流	□已清点
⑦	绝缘电阻表		1个	测量绝缘阻值	□已清点
⑧	车轮挡块		4对	限制车辆移动	□已清点
⑨	警戒线、警示牌		1套	安全提示	□已清点
⑩	绝缘防护套装		1套	保证操作人员安全	□已清点
⑪	绝缘胶带		1个	包裹低压电池负极	□已清点
⑫	汽车万用接线盒		1套	方便表笔接插端子	□已清点

4. 记录车辆信息

品牌	整车型号	生产日期

（续）

典型工作环节（一）：执行工作准备		0.5 课时

	车辆识别码	工作电压	行驶里程

实施

5. 执行车辆防护

□外观检查　　　　　□内饰检查　　　　　□剩余电量

_____%

随车物品确认：□随车工具　□车辆备胎　□警示装置　□其他物品

检查结果：良好√　异常 ×

车外	车轮挡块	前格栅布	两侧翼子板布
	□已安置	□已安置	□已安置
车内	座椅防护套	转向盘与变速杆套	防护脚垫
	□已安置	□已安置	□已安置

检查	我已再次核对以上实施信息，确认无误。	□Y　□N

评价	自评：	组评：	师评：

典型工作环节（二）：检视系统部件		0.5 课时

资讯

　　1. 新能源汽车线束是将电力传送给各个部件的主桥，是新能源汽车的关键线束。

　　2. 三相电机的三根引出线分别为 U、_____、_____，可以控制电机旋转。

　　3. 下列图_____是三相线束星形（Y）接法，图_____是三角形（△）接法。

图 a

（续）

典型工作环节（二）：检视系统部件	0.5 课时

<table>
<tr><td rowspan="1">资讯</td><td>

图 b

4. 三相线束短路可分为_____、_____、_____单相短路和_____。

5. 请将下图中的三相线束圈画出来。

电机控制器　三相线束　N　S　定子线圈　绕组

6. 三相电路（短路 / 断路）是指_____没有闭合开关，或者导线没有连接好，或用电器烧坏或没安装好的状态。

</td></tr>
<tr><td>计划
决策</td><td>1. 怎样检视三相线束状态？流程是什么？标准是什么？（小组内商讨）
2. 检视过程中有什么注意事项？（小组内商讨）</td></tr>
</table>

	序号	工作步骤	具体事项	完成情况
实施	①	车辆标准下电	高压下电　　低压下电	□ Y　□ N
	②	安全举升车辆		□ Y　□ N
	③	检视三相线束	检视三相线束插接器外壳	□ Y　□ N
			检视三相线束插接器的清洁	□ Y　□ N
			检视三相线束插接器的保护搭铁线	□ Y　□ N
	④	清洁灰尘杂物		□ Y　□ N

检查	我已再次核对以上实施信息，确认无误。	□ Y　□ N

评价	自评：	组评：	师评：

（续）

典型工作环节（三）：检测系统部件	3 课时

资讯	1. 使用绝缘电阻表测量 500V 及以下的线路或设备绝缘电阻，选用 ＿＿＿＿＿V 或 ＿＿＿＿＿V 的绝缘电阻表。 2. 根据被测线路或电器设备的绝缘电阻要求来选择绝缘电阻表额定的量程。例如，线路要求绝缘不少于 1000 MΩ 才能合格的，则选用绝缘电阻表量程时就应该（大于 / 小于）1000 MΩ。 3. 如果各相绕组的始末端均引出机壳外，应断开各相之间的 ＿＿＿＿＿，分别测量每相绕组对机壳的 ＿＿＿＿＿，即绕组对地的绝缘电阻。 4. 测量 ＿＿＿＿＿的绝缘电阻，即相间绝缘电阻。 5. 如果绕组只有始端或末端引出机壳外，则应测量所有绕组对机壳的绝缘阻值，电阻数值不得低于 ＿＿＿＿＿MΩ/kV。

计划决策	1. 怎样检测三相线束状态？流程是什么？标准是什么？（小组内商讨） 2. 检测过程中有什么注意事项？（小组内商讨）

	序号	工作步骤	具体事项	标准值	完成情况
实施	①	确认车辆故障现象			□ Y　□ N
	②	读取故障信息			□ Y　□ N
	③	查阅维修手册	翻阅目录查找电路图		□ Y　□ N
	④	车辆标准下电			□ Y　□ N
	⑤	切断高压回路			□ Y　□ N
	⑥	检测驱动电机绝缘电阻	检测驱动电机绝缘电阻； 数值：		□ Y　□ N
	⑦	检测驱动电机三相线束相间短路状况	检测 BV19-1 与 BV19-2 电阻 数值：	20kΩ 或更高	□ Y　□ N
			检测 BV19-1 与 BV19-3 电阻 数值：		□ Y　□ N
			检测 BV19-2 与 BV19-3 电阻 数值：		□ Y　□ N
	⑧	检测驱动电机三相线束断路状况	检测 BV19-1 与 BV18-1 电阻 数值：		□ Y　□ N
			检测 BV19-2 与 BV18-2 电阻 数值：		□ Y　□ N

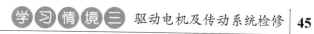

（续）

典型工作环节（三）：检测系统部件					3 课时

	序号	工作步骤	具体事项	标准值	完成情况
实施	⑧	检测驱动电机三相线束断路状况	检测 BV19-2 与 BV18-3 电阻 数值：		☐ Y ☐ N
	⑨	检测驱动电机三相线束对搭铁电阻	检测 BV19-1 车身搭铁电阻 数值：		☐ Y ☐ N
			检测 BV19-2 车身搭铁电阻 数值：		☐ Y ☐ N
			检测 BV19-3 车身搭铁电阻		☐ Y ☐ N

检查	我已再次核对以上实施信息，确认无误。	☐ Y ☐ N

评价	自评：	组评：	师评：

典型工作环节（四）：检修系统部件	0.5 课时

资讯	1. 测量 BV19-1 与 BV19-2 之间的绝缘电阻叫（相间 / 对地）绝缘电阻。 2. 若检测 BV19-1 与 BV19-3 之间的电阻值小于 10Ω，则说明三相线束存在（短路 / 断路）故障。 3. 若检测 BV19-1 与 BV18-1 之间的电阻值小于 10Ω，则说明三相线束存在（短路 / 断路）故障。 4. 若 BV19-1 的对地电阻小于_____$k\Omega$，则说明三相线束对地发生短路。
计划决策	经过检视与检查工作后，发现三相线束对地电阻过小，请思考如何检修？（小组内商讨）

实施	序号	工作步骤	完成情况
	①	更换三相线束	☐ Y ☐ N
	②	安装三相线束的紧固螺栓	☐ Y ☐ N
	③	安装电机控制器盖	☐ Y ☐ N

检查	我已再次核对以上实施信息，确认无误。	☐ Y ☐ N

（续）

典型工作环节（四）：检修系统部件	0.5 课时

评价	自评：	组评：	师评：

典型工作环节（五）：复检验收车辆	0.5 课时

资讯	1. 复核工作环节主要包括对执行工作准备、检视系统部件、_____、检修系统部件以上四个典型工作环节的核查。 2. 高压上电时，连接充电机端插件，插头垂直对准插座轻按，然后使把手卡口卡到位或听到轻微"咔嚓"声；连接蓄电池负极电缆并紧固。 3. 检查起动车辆主要为了达到工作任务执行完毕后，检查车辆是否能够_____的目的。 4. 进行整理清扫工作包括清洁校准存放操作、执行防护物品存放操作、_____工位清扫工作。

计划决策	1. 复检的内容有哪些？（小组内商讨） 2. 复检的标准是什么？（小组内商讨）

实施	序号	工作步骤	完成情况
	①	车辆标准上电	□ Y □ N
	②	连接诊断仪，读取车辆故障码、数据流	□ Y □ N
	③	整理清扫	□ Y □ N

检查	我已再次核对以上实施信息，确认无误。	□ Y □ N

评价	自评：	组评：	师评：

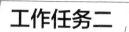 **驱动电机旋变信号故障检修**

情境描述： 一辆 2018 款的吉利帝豪 EV450 汽车到店进行保养维护，车主表示车辆起动时，READY 灯点亮，但车辆仪表故障栏显示驱动电机控制器故障，车辆驱动电机在未挂档时有不同转速显示，但挂档后，车辆无法起步。你作为维修技师请对该车辆的驱动电机及传动系统进行检查。

时长安排： 6 课时（270min）。

典型工作环节（一）：执行工作准备	0.5 课时

资讯	1. 万用表电阻自检过程如下：打开仪表开关，将两个测试笔连接到表头的档位上。 2. 将两个测试笔头短接在一起，此时仪表应显示一个接近的电阻值。如果显示不为_____，说明万用表有问题，需要检修或更换。 3. 将两个测试笔头分别接触一侧。此时，仪表应显示一个近似的电阻值。如果显示为一个"0"或其他的数字，则说明万用表有问题。 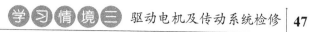
计划	1. 完成此工作环节需要哪些步骤？（小组内商讨） 2. 需要准备哪些设备与工具？（小组内商讨） 3. 完成此工作任务小组成员如何分工？（小组内商讨）

决策

1. 工作步骤填写

序号	工作步骤	具体事项	图示举例
①			
②			
③			

（续）

典型工作环节（一）：执行工作准备			0.5 课时

<table>
<tr><td rowspan="3">决策</td><td colspan="4">

序号	工作步骤	具体事项	图示举例
④			
⑤			

</td></tr>
</table>

序号	工作步骤	具体事项	图示举例
决策 ④			
⑤			

2. 小组成员分工

安全组长	操作员 1	操作员 2	记录员	资料员

实施

1. 执行场地防护

绝缘垫	警戒线	警示牌	灭火器
□已安置	□已安置	□已安置	□已安置

2. 执行人身防护

防护服	绝缘鞋	绝缘手套	安全头盔	护目镜
□已穿戴	□已穿戴	□已穿戴	□已佩戴	□已穿戴

3. 检查设备和工具

序号	设施设备名称	实际使用设备	数量	使用项目或用途	清点
①	吉利帝豪 EV450 整车		1 辆	实训车辆	□已清点
②	绝缘工具箱		1 个	调整或拆卸工具	□已清点
③	维修手册		1 本	查阅保养维修信息	□已清点
④	举升机		1 台	举升车辆	□已清点
⑤	万用表		1 个	高压验电	□已清点
⑥	故障诊断仪		1 个	读取数据流	□已清点
⑦	绝缘电阻表		1 个	测量绝缘阻值	□已清点
⑧	车轮挡块		4 对	限制车辆移动	□已清点
⑨	警戒线、警示牌		1 套	安全提示	□已清点
⑩	绝缘防护套装		1 套	保证操作人员安全	□已清点
⑪	绝缘胶带		1 个	包裹低压电池负极	□已清点
⑫	汽车万用接线盒		1 套	方便表笔接插端子	□已清点

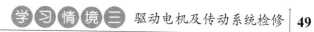

（续）

典型工作环节（一）：执行工作准备	0.5 课时

<table>
<tr><td rowspan="15">实施</td><td colspan="2">4.记录车辆信息</td></tr>
</table>

	品牌	整车型号	生产日期
	车辆识别码	工作电压	行驶里程

5.执行车辆防护

□外观检查　　　□内饰检查　　　□剩余电量

_____%

随车物品确认：□随车工具　□车辆备胎　□警示装置　□其他物品

检查结果：良好√　异常×

车外	车轮挡块	前格栅布	两侧翼子板布
	□已安置	□已安置	□已安置
车内	座椅防护套	转向盘与变速杆套	防护脚垫
	□已安置	□已安置	□已安置

检查	我已再次核对以上实施信息，确认无误。	□Y □N

评价	自评：	组评：	师评：

典型工作环节（二）：检视系统部件	0.5 课时

资讯

1.旋转变压器是电机控制中常用的一种位置传感器，通过向电机控制器提供_____信号、_____信号和励磁信号等，以便电机控制器确定相关算法。

2.旋转变压器的结构和绕线式异步电机的结构相似，可分为_____和_____两大部分。

3.旋转变压器绕组包括_____绕组、正弦绕组和余弦绕组三部分。

4.信号屏蔽线主要由信号导线、_____、搭铁线、护套组成。

5.请将下列图中框图的空白处填写完整。

（续）

典型工作环节（二）：检视系统部件	0.5 课时

<table>
<tr>
<td rowspan="1">资讯</td>
<td>

端子保护罩　端子

绝缘材料

绕组

旋转变压器的组成

四对八芯双绞线　搭铁线 □

抗拉绳

屏蔽铝箔

PVC护套
普通护套
屏蔽编织网

信号屏蔽线结构组成
</td>
</tr>
</table>

计划 决策	1.怎样检视驱动电机旋变器状态？流程是什么？标准是什么？（小组内商讨） 2.检视过程中有什么注意事项？（小组内商讨）

实施	序号	工作步骤	具体事项	完成情况
	①	车辆标准下电	高压下电　　低压下电	□ Y　□ N
	②	安全举升车辆		□ Y　□ N
	③	检视旋转变压器线束	检视旋转变压器线束插接器外壳	□ Y　□ N
			检视旋转变压线束插接器的清洁	□ Y　□ N
			检视旋转变压器线束插接器是否松动	□ Y　□ N
	④	清洁灰尘杂物		□ Y　□ N

检查	我已再次核对以上实施信息，确认无误。	□ Y　□ N

评价	自评：	组评：	师评：

（续）

典型工作环节（三）：检测系统部件	4课时

资讯

1. 使用汽车故障诊断仪的基本步骤如下。将诊断仪的OBDII插头插入汽车的诊断接口，这个接口通常在驾驶员侧踏板下方或者下方。确保插头与接口紧密结合。

2. 按下开机按钮，等待诊断仪启动，打开诊断仪。在诊断仪的主界面上，选择与车辆相符的类型（如轿车、SUV等），并根据提示选择或输入车辆的品牌、和生产年份等信息。

3. 在主界面上选择故障码读取功能，诊断仪会自动扫描汽车的计算机系统，获取信息。

4. 在诊断仪的主界面上选择清除故障码的功能，并向汽车的计算机系统发送指令，将故障码。在进行此操作前，确保已经解决了相应的故障问题。

5. 按下按钮，等待诊断仪关闭。小心地将诊断接口的插头拔出，避免损坏。

6. 以帝豪EV450车型为例，驱动电机旋转变压器的正弦、余弦、励磁电阻值正常值分别为：

1）余弦：（14.5±1.5）Ω。

2）正弦：_____。

3）励磁：_____。

计划决策

1. 怎样检测驱动电机旋转变压器是否正常？方法是什么？标准是什么？（小组内商讨）

2. 检测过程中有什么注意事项？（小组内商讨）

实施

序号	工作步骤		具体事项	标准值	完成情况
①	确认车辆故障现象				□Y □N
②	读取故障信息				□Y □N
③	查阅维修手册		翻阅目录查找电路图		□Y □N
④	车辆标准下电				□Y □N
⑤	切断高压回路				□Y □N
⑥	检测正弦、余弦、励磁电阻值	使用诊断仪检测正弦电阻	数值：	（14.5±1.5）Ω	□Y □N
		使用诊断仪检测余弦电阻	数值：		□Y □N
		使用诊断仪检测励磁电阻	数值：		□Y □N

（续）

	序号	工作步骤	具体事项	标准值	完成情况
实施	⑦	检测驱动电机信号屏蔽线路	检测BV11的1号与车身搭铁之间的电阻　数值：		□Y　□N
			检测BV11的11号端子与车身搭铁之间的电阻　数值：		□Y　□N
	⑧	检测驱动电机旋转变压器余弦信号线路	检测ＢＶ13-7与BV11-16电阻　数值：		□Y　□N
			检测ＢＶ13-8与BV11-23电阻　数值：		□Y　□N
			检测ＢＶ13-7与BV13-8电阻　数值：		□Y　□N
			检测BV13-7车身搭铁电阻　数值：		□Y　□N
			检测BV13-8车身搭铁电阻　数值：		□Y　□N
			检测BV13-7车身搭铁电压　数值：		□Y　□N
			检测BV13-8车身搭铁电压　数值：		□Y　□N
	⑨	检测驱动电机旋转变压器正弦信号线路	检测ＢＶ13-9与BV11-17电阻　数值：		□Y　□N
			检测ＢＶ13-10与BV11-24电阻　数值：		□Y　□N
			检测ＢＶ13-9与BV13-10电阻　数值：		□Y　□N
			检测BV13-9车身搭铁电阻　数值：		□Y　□N
			检测BV13-10车身搭铁电阻　数值：		□Y　□N
			检测BV13-9车身搭铁电压　数值：		□Y　□N
			检测BV13-10车身搭铁电压　数值：		□Y　□N

典型工作环节（三）：检测系统部件　　　4课时

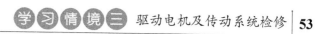
（续）

	序号	工作步骤	具体事项	标准值	完成情况
实施	⑩	检测驱动电机旋转变压器励磁信号线路	检测BV13-11与BV11-22电阻 数值：		□Y □N
			检测BV13-12与BV11-15电阻 数值：		□Y □N
			检测BV13-11与BV13-12电阻 数值：		□Y □N
			检测BV13-11车身搭铁电阻 数值：		□Y □N
			检测BV13-12车身搭铁电阻 数值：		
			检测BV13-11车身搭铁电压 数值：		
			检测BV13-12车身搭铁电压 数值：		

检查	我已再次核对以上实施信息，确认无误。	□Y □N

评价	自评：	组评：	师评：

典型工作环节（四）：检修系统部件	**0.5课时**

资讯

1. 用万用表测量电机控制器线束插接器BV11的1号、11号端子与车身搭铁之间的电阻，若测量值小于_____Ω，则驱动电机信号屏蔽线路发生故障。

2. 若BV13-7与BV11-16电阻（小于/大于）1Ω，则驱动电机余弦信号线路发生_____故障。

3. 若BV13-8与_____电阻小于1Ω，则驱动电机余弦信号线路发生_____故障。

4. 若BV13-8与_____电压大于0V，则驱动电机余弦信号线路发生_____故障。

5. 若BV13-9与BV11-17电阻小于1Ω，则驱动电机（余弦/正弦/励磁）信号线路发生_____故障。

6. 若BV13-11车身搭铁电阻大于10kΩ，则驱动电机（余弦/正弦/励磁）信号线路发生_____故障。

（续）

典型工作环节（四）：检修系统部件	0.5 课时

资讯	7. 若 BV13-11 与_____电阻小于 1Ω，则驱动电机余弦信号线路发生_____故障。
计划决策	1. 驱动电机旋转变压器励磁信号线路通信正常的标准有哪些？ 2. 经过检视与检查工作后，发现励磁信号线路中 BV13-11 与 BV11-22 电阻过大，请思考如何检修？（小组内商讨）

实施	序号	工作步骤	完成情况
	①	更换驱动电机旋转变压器	□ Y □ N
	②	清理一下接插件的灰尘并组装好	□ Y □ N
	③	重新测试正弦、余弦、励磁的阻值	□ Y □ N

检查	我已再次核对以上实施信息，确认无误。	□ Y □ N

评价	自评：	组评：	师评：

典型工作环节（五）：复检验收车辆	0.5 课时

资讯	1. 连接各断开的插接器，连接蓄电池负极端，按照相反的顺序将所有元器件及连接线复位。 2. 工作任务完成后，应检查整车上电状态、仪表状态并记录，读取_____，使用诊断仪查看旋转变压器的正弦、余弦、励磁的阻值是否正常。
计划决策	1. 复检的内容有哪些？（小组内商讨） 2. 复检的标准是什么？（小组内商讨）

实施	序号	工作步骤	完成情况
	①	车辆标准上电	□ Y □ N
	②	连接诊断仪，读取车辆故障码、数据流	□ Y □ N
	③	整理清扫	□ Y □ N

检查	我已再次核对以上实施信息，确认无误。	□ Y □ N

评价	自评：	组评：	师评：

工作任务三 驱动电机温度过高故障检修

情境描述：一辆 2018 款的吉利帝豪 EV450 已行驶 2 万 km，需到店进行保养维护，仪表提示驱动电机温度过高，系统功率降低，你作为维修技师请对该车辆的驱动电机及传动系统进行外观检查。

时长安排：5 课时（225min）。

典型工作环节（一）：执行工作准备	0.5 课时

<table>
<tr>
<td rowspan="1">资讯</td>
<td>

1. 万用表电压自检过程如下：打开仪表开关，将两个测试笔连接到表头的档位上。

2. 选择一个已知的被测电压点，将测试笔头分别接触被测电压点的两端，此时仪表应该按照被测电压显示出正常值。如果不正确，说明万用表有问题。

3. 更换电压档位，重复上述电压自检，以检测各电压档位的显示是否准确。如果出现误差，说明此有误，需要检修或更换。

</td>
</tr>
<tr>
<td>计划</td>
<td>

1. 完成此工作环节需要哪些步骤？（小组内商讨）

2. 需要准备哪些设备与工具？（小组内商讨）

3. 完成此工作任务小组成员如何分工？（小组内商讨）

</td>
</tr>
<tr>
<td rowspan="1">决策</td>
<td>

1. 工作步骤填写

序号	工作步骤	具体事项	图示举例
①			
②			
③			

</td>
</tr>
</table>

（续）

典型工作环节（一）：执行工作准备		0.5 课时

<table>
<tr><td rowspan="5">决策</td><td colspan="4">

序号	工作步骤	具体事项	图示举例
④			
⑤			

</td></tr>
</table>

决策

序号	工作步骤	具体事项	图示举例
④			
⑤			

2. 小组成员分工

安全组长	操作员1	操作员2	记录员	资料员

实施

1. 执行场地防护

绝缘垫	警戒线	警示牌	灭火器
□已安置	□已安置	□已安置	□已安置

2. 执行人身防护

防护服	绝缘鞋	绝缘手套	安全头盔	护目镜
□已穿戴	□已穿戴	□已穿戴	□已佩戴	□已穿戴

3. 检查设备和工具

序号	设施设备名称	实际使用设备	数量	使用项目或用途	清点
①	吉利帝豪 EV450 整车		1辆	实训车辆	□已清点
②	绝缘工具箱		1个	调整或拆卸工具	□已清点
③	维修手册		1本	查阅保养维修信息	□已清点
④	举升机		1台	举升车辆	□已清点
⑤	万用表		1个	高压验电	□已清点
⑥	故障诊断仪		1个	读取数据流	□已清点
⑦	绝缘电阻表		1个	测量绝缘阻值	□已清点
⑧	车轮挡块		4对	限制车辆移动	□已清点
⑨	警戒线、警示牌		1套	安全提示	□已清点
⑩	绝缘防护套装		1套	保证操作人员安全	□已清点
⑪	绝缘胶带		1个	包裹低压电池负极	□已清点
⑫	汽车万用接线盒		1套	方便表笔插接端子	□已清点

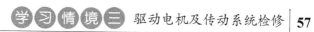

（续）

典型工作环节（一）：执行工作准备		0.5 课时

实施	4.记录车辆信息		

品牌	整车型号	生产日期
车辆识别码	工作电压	行驶里程

5.执行车辆防护

□外观检查　　　　　　□内饰检查　　　　　□剩余电量

_____%

随车物品确认：□随车工具　□车辆备胎　□警示装置　□其他物品

检查结果：良好√　异常×

车外	车轮挡块	前格栅布	两侧翼子板布
	□已安置	□已安置	□已安置
车内	座椅防护套	转向盘与变速杆套	防护脚垫
	□已安置	□已安置	□已安置

检查	我已再次核对以上实施信息，确认无误。	□ Y　□ N

评价	自评：	组评：	师评：

典型工作环节（二）：检视系统部件		0.5 课时

资讯	1.电机使用温度传感器可以分成正温度系数与_____的驱动电机温度传感器。 2.负温度系数的温度传感器，它的热敏电阻是（NTC/PTC）热敏电阻器，它是一种以过渡金属氧化物为主要原材料，采用电子陶瓷工艺制成的热敏陶瓷组件，可以呈现出温度与电阻值成_____的特性。 3.请将温度传感器的结构名称填写完整。	

（续）

典型工作环节（二）：检视系统部件	0.5 课时

资讯	4.NTC 热敏电阻器以锰、钴、镍和铜等金属氧化物为主要材料，温度低时，这些氧化物材料的载流子数目少，所以其电阻值较_____；随着温度的升高，载流子数目增加，所以热敏电阻阻值_____。 5.请将过温保护电路的结构名称填写完整。 1_____ 2_____ 3_____ 4_____ 6.电机温度过高故障通常由以下几种原因造成：_____、_____以及电机 IGBT 工作温度过高。
计划决策	1.怎样检视驱动电机温度状态？流程是什么？标准是什么？（小组内商讨） 2.检视过程中有什么注意事项？（小组内商讨）

序号	工作步骤	完成情况
①	检查低压冷却系统是否正常，如冷却液位与冷却水泵是否正常、散热器风扇是否正常工作	□ Y □ N
②	检查温度传感器线束插接器是否破损、断裂	□ Y □ N
③	检查温度传感器线束插接器是否接合稳固	□ Y □ N
④	使用气枪清洁温度传感器线束插接器灰尘	□ Y □ N

（实施）

检查	我已再次核对以上实施信息，确认无误。	□ Y □ N

评价	自评：	组评：	师评：

典型工作环节（三）：检测系统部件	3 课时

资讯

1.请将下表中不同温度下的电机温度传感器标准阻值填写完整。

电机工作温度	电机温度传感器标准阻值
-40℃	（241±20）Ω
20℃	
85℃	

（续）

典型工作环节（三）：检测系统部件	3课时

<table>
<tr><td rowspan="2">资讯</td><td>

2. 操作起动开关使电源模式至_____状态，断开蓄电池负极，等待_____min，断开车载充电机直流母线，完成下电操作。

3. 请将驱动电机温度传感器的相关电路填写完整。

</td></tr>
</table>

计划决策

1. 怎样检测驱动电机温度过高故障？方法是什么？标准是什么？（小组内商讨）

2. 检测过程中有什么注意事项？（小组内商讨）

实施

序号	工作步骤		具体事项	标准	完成情况
①	确认车辆故障现象				□Y □N
②	读取故障信息				□Y □N
③	查阅维修手册		翻阅目录查找电路图		□Y □N
④	车辆标准下电				□Y □N
⑤	切断高压回路				□Y □N
⑥	检测驱动电机信号屏蔽线路	检测 BV11-1 与车身搭铁电阻	数值：	小于1Ω	□Y □N
		检测 BV11-11 与车身搭铁电阻	数值：		□Y □N
⑦	检测电机温度传感器元件阻值	连接故障诊断仪，读取电机温度传感器元件阻值	数值：		□Y □N

（续）

典型工作环节（三）：检测系统部件					3 课时

	序号	工作步骤		具体事项	标准	完成情况
实施	⑧	检测电机温度传感器1的信号线路	检测 BV13-1 与 BV11-7 电阻	数值：		☐ Y ☐ N
			检测 BV13-2 与 BV11-6 电阻	数值：		☐ Y ☐ N
			检测 BV13-1 与 BV13-2 电阻	数值：		☐ Y ☐ N
			检测 BV13-1 车身搭铁电阻	数值：		☐ Y ☐ N
			检测 BV13-2 车身搭铁电阻	数值：		☐ Y ☐ N
			检测 BV13-1 车身搭铁电压	数值：		☐ Y ☐ N
			检测 BV13-2 车身搭铁电压	数值：		☐ Y ☐ N
	⑨	检测电机温度传感器2的信号线路	检测 BV13-3 与 BV11-5 电阻	数值：		☐ Y ☐ N
			检测 BV13-4 与 BV11-13 电阻	数值：		☐ Y ☐ N
			检测 BV13-3 与 BV13-4 电阻	数值：		☐ Y ☐ N
			检测 BV13-3 车身搭铁电阻	数值：		☐ Y ☐ N
			检测 BV13-4 车身搭铁电阻	数值：		☐ Y ☐ N
			检测 BV13-3 车身搭铁电压	数值：		☐ Y ☐ N
			检测 BV13-4 车身搭铁电压	数值：		☐ Y ☐ N
检查	我已再次核对以上实施信息，确认无误。				☐ Y ☐ N	
评价	自评：		组评：		师评：	

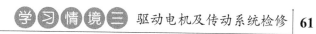

（续）

典型工作环节（四）：检修系统部件	0.5 课时

<table>
<tr><td rowspan="20">资讯</td><td colspan="2">

1. 用万用表测量电机控制器线束插接器 BV11 的 _____ 号、_____ 号端子与车身搭铁之间的电阻，是在检测驱动电机信号屏蔽线路。

2. 检测电机温度传感器 1 的信号线路，请将下列表中步骤补充完整。
</td></tr>
</table>

测量位置 A	测量位置 B	测量标准值
BV13-1		标准电阻：小于 1Ω
BV13-2		
BV13-1		标准电阻：10kΩ 或更高
BV13-1		
BV13-2		
BV13-1	车身搭铁	
BV13-2	车身搭铁	

3. 检测电机温度传感器 2 的信号线路，请将下列表中步骤补充完整。

测量位置 A	测量位置 B	测量标准值
BV13-3		标准电阻：小于 1Ω
BV13-4		
BV13-3		标准电阻：10kΩ 或更高
BV13-3		
BV13-4		
BV13-3		标准电压：0V
BV13-4		

计划决策	1. 驱动电机温度过高故障如何排除？（小组内商讨） 2. 经过检视与检查工作后，发现温度传感器 2 的信号线路发生故障，请思考如何检修？（小组内商讨）

实施	序号	工作步骤	完成情况
	①	更换温度传感器	□ Y □ N
	②	清理一下接插件的灰尘并组装好	□ Y □ N
	③	重新测试温度传感器 1 号信号线路、2 号线路、屏蔽线路	□ Y □ N

检查	我已再次核对以上实施信息，确认无误。	□ Y □ N

评价	自评：	组评：	师评：

（续）

典型工作环节（五）：复检验收车辆		0.5 课时
资讯	1.工作任务完成后，应检查整车上电状态、仪表状态并记录，读取电机温度传感器的_____，查看驱动电机数据流是否正常。 2.车辆下降前保证地面清洁，举升机下无异物，下降时需要_____名人员负责操作下降杆，至少_____名人员站立于举升机另一侧，做好现场安全工作。	
计划决策	1.复检的内容有哪些?（小组内商讨） 2.复检的标准是什么?（小组内商讨）	

	序号	工作步骤	完成情况
实施	①	车辆标准上电	□ Y □ N
	②	连接诊断仪，读取车辆故障码、数据流	□ Y □ N
	③	整理清扫	□ Y □ N

检查	我已再次核对以上实施信息，确认无误。	□ Y □ N

评价	自评：	组评：	师评：